U0362573

学术指导◎张人利

# 教师命题素养

## 上海市静安区教育学院附属学校的实践研究

周璐蓉 等◎著

华东师范大学出版社

·上海·

**图书在版编目（CIP）数据**

教师命题素养：上海市静安区教育学院附属学校的实践
研究/周璐蓉等著.—上海：华东师范大学出版社，2023
ISBN 978-7-5760-3778-4

Ⅰ.①教… Ⅱ.①周… Ⅲ.①初中-中学教师-师资培
养-研究 Ⅳ.①G635.12

中国国家版本馆 CIP 数据核字(2023)第 065199 号

**教师命题素养：上海市静安区教育学院附属学校的实践研究**

著　　者　周璐蓉　等
责任编辑　彭呈军
特约审读　郑　月
责任校对　邱红穗
装帧设计　卢晓红

出版发行　华东师范大学出版社
社　　址　上海市中山北路 3663 号　邮编 200062
网　　址　www.ecnupress.com.cn
电　　话　021-60821666　行政传真 021-62572105
客服电话　021-62865537　门市（邮购）电话 021-62869887
地　　址　上海市中山北路 3663 号华东师范大学校内先锋路口
网　　店　http://hdsdcbs.tmall.com

印 刷 者　上海锦佳印刷有限公司
开　　本　787 毫米×1092 毫米　1/16
印　　张　10.75
字　　数　192 千字
版　　次　2023 年 6 月第 1 版
印　　次　2024 年 11 月第 4 次
书　　号　ISBN 978-7-5760-3778-4
定　　价　38.00 元

出 版 人　王　焰

（如发现本版图书有印订质量问题，请寄回本社客服中心调换或电话 021-62865537 联系）

本书为

上海市一般课题"深化课程改革过程中提升教师命题素养的研究"（C17043）

全国教育科学"十三五"规划教育部重点课题"深化教育个性化：发达城区提升学生核心

素养的实践性循证研究"（DHA170345）的子课题"学生核心素养培育视角下提升教师命题

素养的循证研究"（GZ20181027）

研究成果

# 序　言

　　鉴于深化后"茶馆式"教学和提升教师命题素养需要,在张人利校长的专业引领下,课题主持人周璐蓉副校长和上海市静安区教育学院附属学校研究团队启动了"深化课程改革过程中提升教师命题素养的研究"。

　　广义命题是指各类学习任务的设计和实施,包括课堂教学组合问题、多样化作业、阶段性纸笔测试、伴随性活动评价等。命题的设计和实施是学业评价的主要形式,也是诊断、激励、改进学习的关键渠道,是课程教学改革亟须突破的瓶颈问题。

　　高质量的命题需要由教师去设计和实施,也是教师应该经常做的一项教学业务。教师们的命题素养,包括命题的学生立场和学习视角、命题的素养导向和学业指向、命题的结构设计和意义呈现、命题实施结果的分析解释和诊断改进等教育教学理念和设计实施能力,决定着命题的质量。为此,提升教师命题素养的路径和策略,成为深化课程教学改革的关键问题,成为提升教师素养的一个突破口。

　　本书是对"深化课程改革过程中提升教师命题素养的研究"课题研究过程和成果的梳理和提炼:第一章主要阐述课题研究的意义和价值,包括研究的背景、针对问题以及解决的方案和过程,呈现出后"茶馆式"教学实践背景下从"命题"突破的持续深化;第二章至第四章分别针对问题组合(包括问题链、问题群、问题矩阵)、多样化作业、试卷,采用学理分析与实践案例相结合的方式,阐述命题的类型、依据、策略、方法、过程,以及质量评估标准等,呈现出命题与教学的关系以及教师命题素养的提升路径;第五章主要阐述学校采用"循环实证"方法、个人命题资源库建设与完善任务、教研组专题研修保障等行之有效的路径和策略,建立着眼教师命题素养提升的长效机制,持续提升教师命题专业素养的实践经验;第六章阐述课题研究成果和结论、成效和推广,并对未来发展进行展望。

读完书稿,我还是深深地被课题组老师们的实践智慧所打动。

第一,把狭义的纸笔测试命题概念拓展到课堂"问题组合"、课内外"作业练习"、阶段性"测验考试"三位一体,是对命题的一种新探索。这种探索能够促进教师课前、课中、课后一体化思考和研究命题,也能够促进课内、课外学习的连续性和进阶性。利用问题组合发现"相异构想"、突出教学重点难点,利用作业练习诊断学习问题、及时指导改进,利用阶段测验考试检验学习成效或问题、采用补救或者拓展措施实施因材施教等实践智慧,给我们当前追求学习真正发生、追求因材施教、追求教学持续改进提供了可借鉴的经验。

第二,针对老师们经常实际操作但又缺少研究的业务开展研究,有针对地解决"熟悉的陌生人"问题,是学校领导智慧和务实精神的体现。教学中的问题设计、作业设计、试卷设计等与教学质量紧密相关,是提高教学质量的关键要素,也是老师们经常实际操作的业务,但却缺乏深入研究,可谓是"熟悉的陌生人"。教师对问题、作业、测验通常有较多的个体体验,在理论指引和方法指导下,通过个体思考实践和团队智慧分享,比较容易提炼经验、凝聚共识、提升水平,形成研究成果,产生实践成效。在本研究中,无论是对问题组合中提出的关注问题纵向递进的"问题链"、关注问题横向联系的"问题群"、关注综合结构的"问题矩阵"等观点和设计案例,还是对作业或者测验设计中提出的体现素养的作业或测试、关注学科结构的作业或测试、关注个性化指导与改进的作业或测试等观点和设计案例,都是基于教师个体实践,在理论方法指引和团队智慧支持下持续积累和完善后形成的成果。这种务实寻找研究问题的精神值得我们学习。

第三,提升教师专业素养,关键是寻找专业发展的内容和路径,引导和激发全体教师主动参与研究和实践。学校在本研究中以问题、作业、评价等为抓手,着眼命题品质提升和命题素养发展,聚焦"命题案例",采用"循环实证"方法,设计了专家指引、个人实践、团队研讨的研修方式和"收集—分析—评估—反馈—改进—实践"多次往复、不断循环的操作路径,引导教师设计"命题案例",让教师感受到团队智慧的支持和"命题案例"持续完善带来的喜悦,激发教师参与研修的主动性和能动性,进而逐步形成每学期三轮命题研修的机制,持续促进教师命题素养的提升,并在此过程中日积月累,形成了教师个人和学校的命题资源库。这种团队凝聚、内容实在、路径明确、主体能动、变化可见的教师专业发展路径和机制,对我们有很好的借鉴价值。

　　真诚地期待上海市静安区教育学院附属学校能够围绕立德树人教育初衷,以后"茶馆式"教学为抓手,持续探索育人方式变革,将教育教学质量提升与教师专业素养发展有机结合,在成事中成人,在成人中成事,为上海基础教育改革提供更多的经验。

2023 年 2 月 23 日

（序言作者为上海市教育学会副会长、上海市教育委员会教学研究室原主任）

# 目　录

# 第一章　命题素养研究的意义

　　静安区教育学院附属学校长期推行后"茶馆式"的课堂教学研究,教师分析学情,在课题中设计提问(命题)和有效对话,实现先学后教。根据 2014 年、2015 年上海市教委绿色指标综合评价结果,学校学生作业量明显少于市、区平均值,而且校外补课指标指数也小于市、区平均值。"轻负担、高质量"的作业也是学校教师命题能力的重要体现。契合上海市教委提出的"如何提高教师的命题能力"的教师研修主题,以及上海中考改革的新方向,学校确定了以提升教师的命题素养为切入口的长达数年的攻关研究,运用循环实证的方法,研究内容涵盖了各学科命题和跨学科命题两方面,既有作业质量等教学过程性评价内容的研究,也有试卷命题质量等终结性评价研究,既有对命题本身的研究,也回应了普通教师如何提升命题素养的关切。研究基于证据提炼出了提升教师命题素养的操作方法和有效机制,开发出教师命题素养提升的可测量的工具,并在上海市部分学校进行了推广运用,取得了良好的社会效应。

## 第一节　概念界定

### 一、学习就是"问题解决"

　　从词源学角度,"问,讯也"(《说文解字》),是指请人解答。"题,额也"(《说文解字》),"头也"(《小尔雅》),指物体的前端或者顶端,引申指起始、开端。英语中的"problem"一词,来源于古希腊语"problema",原意指"被扔在前面的东西(阻碍)。在英语中"proposition"一词,中文解释为"命题",来源于古希腊语"propositionem",

指"a setting forth as a topic for discussion",即作为讨论主题的陈述。

认知心理学信息加工流派将"问题"界定为"人首次遇到且无现成可回忆的经验来解决的一种情境"。① 尽管后来的研究者发展、完善了这一界定,诸如认为人实际状态与预期达到状态有差距,"问题"便产生了。"问题解决"就是用新的认知、方法、工具、行动操作或者社会情感去跨越这个差距。② 国际经济与合作组织(OECD)、国际学生评估项目(PISA) 2012、2015年的测评框架仍延续着初始(给定)到最终(目标)状态二元转变的这一问题解决定义。③

在静教院附校,尽管老师们未必了解加涅抑或是梅耶等认知心理学家或者他们的理论,大概率也不会去深入研究 PISA 项目,但是他们在教育教学中对问题的理解往往不会偏离本质。这是缘起于静教院附校所创立的"后茶馆式"教学最为重要的理论基础——维果斯基的"最近发展区"理论。该理论将教学与学习的辩证关系界定为学生实际发展水平与学生潜在、可塑发展水平的弥合。"最近发展区"对实践清晰、隐喻的路线图与当前教育研究前沿的"问题解决"模型在内涵上是异曲同工的:前者是个体现在的实然状态,也就是学习者的初始状态,后者则是"个体在参与了教学这一社会文化后应然提升和完善的状态",教学目标指向的学习终点,教学便是在两者的断层中,发现(暴露)学生的问题并解决它。

## 二、后"茶馆式"教学中"命题"的重要地位

著名教育心理学家罗伯特·加涅在其名著《学习条件》一书中指出,教师最快的教学方式是通过言语连锁直接告诉学生任务的特定解法,但这种方式往往无法有效地让学生将知识、技能推广、迁移到同类情境中去。教师最有效的教学方式是启发学生发现学习。④ 启发

① M. R. Gagné. The Conditions of Learning and Theory of Instruction [M]. Wadsworth Pub Co, 1985:180.

② 陆璟.思维的痕迹:基于 log 数据的 PISA 问题解决能力研究[M].上海:上海教育出版社,2012:10.

③ OECD. PISA 2015 Assessment and Analytical Framework [R]. PISA 2015 Assessment and Analytical Framework: Science, Reading, Mathematic, Financial Literacy and Collaborative Problem Solving. OECD Publishing, Paris: 141 – 142.

④ M. R. Gagné. The Conditions of Learning and Theory of Instruction [M]. Wadsworth Pub Co, 1985:181.

学生主动学习能促进其能力发生持久的变化：习得新的规则、原理及概念（智慧技能），头脑中的知识系统表征的图式（知识之间的关系和联系）也会发生改变，还会促进学生认知策略的发展。由此，问题解决（发现学习）虽然不是高级规则学习唯一的方式，但经研究证明，由此方式而获得知识能在相当长的时间里保持有效性。①

　　基于"最近发展区"理论，"后茶馆"教学遵循学生认知规律，注重启发，促进学生真正学会，形成了共识的实践假设②：第一，学生的学习起点是不同的，即任何学生在学习任何知识之前，头脑里都不是"空"的，都具有原有的知识和经历，教师不仅要努力了解学生的学情基础，还需要"让学生先学"，从中暴露出问题。第二，学生的学习潜质是有差异的，有些差异很小，有些差异则大到需要在教学中分层，但无论如何，学生在知识、技能、过程、方法、情感、态度和价值观都是不同的。第三，相信孩子有自主学习的能力，对照客观的课堂教学目标，总有一部分内容学生能自己学会，只是学科、内容、年级不同，学生自己能学会的内容不同。第四，学生有先验的知识、经验和经历，教师不能一味地采取灌输式教学，而是应在与学生"碰撞"中帮助他们构建自己的学科和学科体系。第五，一种方式、方法、手段不能适用于所有的课堂教学，教师需要适当选择，才能提高教学效能。第六，弥合学生最近发展区的，可以是老师，也可以是学生，还可以是课堂问题、题目、实验、各种教学资源等。第七，学生的学习终点也是有差异的，学生认识的逻辑结构与学科体系的逻辑结构不一定重合，教师要遵循学生认知规律和不同的学科理解，帮助学生建构正确的学科认知。

　　后"茶馆式"教学的核心是对话，课堂教学中就要使用有效提出"问题"——这一学生思维的"触发器"。教师要深入了解并想方设法把学生对某一概念、某一问题存在的不同认识、不同理解、不同判断暴露出来，就要通过问题来引发、捕捉和实证学生的"相异构想"。即便学生的"前概念"是错误的、不全面的、不深刻的，但明确了真实的教学起点能够让"相异构想"成为教学资源，实现学生的个体思维走向共同体的、与他者（同伴和教师）的双向互动，从而获得适当、必要、多元的帮助，科学地构建知识体系。这一过程既能促进学生学会学习，也有利于培养学生的创新思想。因此，在后"茶馆式"教学中，教师的问题设计，直接、

---

① M. R. Gagné. The Conditions of Learning and Theory of Instruction [M]. Wadsworth Pub Co，1985：192.

② 上海市静安区教育学院附属学校. 后"茶馆式"教学的实践指导[M]. 上海：上海教育出版社，2016：16—20.

间接地向学生提问，所谓命题，往往是教学成功与否的关键。①

### 三、命题素养是教师的关键能力

林崇德教授在《教师素质的构成及培养途径》一文中提到：教师素养可以理解为教师在教育、教学获得中表现出来的，决定其教育、教学效果，对学生身心发展有直接而显著影响的心理品质的总和。教师素养首先包括教师作为一个公民的基本品质，其次包括教师从事教育工作所需的专业知识和技能，它是一个教师从事教育教学工作的前提条件。

教师专业素养是教师从事教育教学工作的素质和修养，由专业精神、专业知识、专业能力和专业实践四部分构成，是教师经过系统的师范教育，并在长期的教育实践中逐渐发展而成的具有专门性、指向性和不可替代性的素养。教师基于专业素养组织教育活动，教师专业素养的高低直接影响着学校教育质量的好坏，更影响着其所培养出的人才质量的好坏。

本书中命题素养不是狭义的编制试题和试卷，而是广义的，教师在课内、课外布置给学生的各类学习任务的设计，包括各类学习任务如课堂教学中提出的问题，学习任务单，课内外的作业、小练习及综合测评的考试出题，也包括跨学科的主题活动等。

教师命题的本质是通过一系列教学的必要环节：课堂教学、课后作业、学生评价、各种活动等建立与学生认知的"对话"，分析学生知识、能力、思维、习惯上存在的与教学目标之间的断层，从而进行精准、针对、可持续发展的教学，促进"教与学"之间矛盾的解决。比如教师可以将学科重点、难点预设渗透在课堂提问、任务之中，了解学生的已知、未知、能知、想知、错知和难知；教师可以通过科学的作业布置，检验学生的学习情况，帮助学生查漏补缺，引导开发学生的学科兴趣，在巩固的基础上拓展学生对知识和技能的应用；教师还可以通过标准化的阶段性测试诊断和评价学生。

教师的命题素养与课堂教学、课后作业、学生评价及各类活动的科学性及有效性紧密关联，其重要性不言而喻。同时，教师的命题素养也是教师教育教学理念、知识和能力的综合体现。教师首先要具备命题的必要理念储备，要能了解目前课程改革的方向，有正确的

---

① 上海市静安区教育学院附属学校.后"茶馆式"教学的实践指导[M].上海：上海教育出版社，2016：23—24.

教育观、学科观和学生观。其次,教师要具备命题的知识,一方面要具备本学科完整性的知识,同时兼备一定的跨学科知识,另一方面要具备学生认知发展和学情的知识,能定位"教与学"之间的矛盾。再次,教师要具备命题的能力,能够把正确的命题思想、扎实的学科底蕴转化为学情测量的工具,掌握科学命题的原则、步骤和方法,即具备班级效率兼顾个性适切的命题技术路径。最后,教师命题需要将学科本体理解以及对学生原有基础的科学判断转化为学生真实、持续、有效的"学会学习"。

"后茶馆式"教学具有科学性、社会性、艺术性。① 这三个基本属性也适用于教师的命题。

教师要把握"人的认知和人的成长规律"了解学情,把握"学科及学科发展的规律"了解"学科教学目标",在促进学生学习发生和达成的同时动态地监测、评估学生个性化的"最近发展区"的"上限"(即学生独立完成任务的水平)与"下限"。基于学情、基于课标,是教师命题的两大实践原则,也是教师命题科学性的体现。

"后茶馆式"教学主导教学先行,教师要设计适合个体与群体、学生与教师思维互动、有逻辑的教学支架;在现实生活情境中考查学生的知识应用能力,设计让学生在他人帮助、与较有经验者合作互动完成学习;命题素养的提升、命题库的积累及优化也是教师相互学习、同侪共进的过程,也是教师命题社会性的体现。

教学是一种学科之美、智慧之光的展现,教师需要根据课堂情境的生成调整课堂提问(问题链、问题领域、问题矩阵),布置分层、多样、可选择的作业,运用长作业和跨学科作业,让学生愿意"跳一跳",喜欢上挑战,以学科的现实应用为乐趣,激励学生有所成就,这便是教师命题艺术性的体现。

## 第二节 实践研究缘起

### 一、全球发展趋势亟待会学习、会创造的新人

人类进入知识时代,社会发展和个人自我价值实现的关键不是信息的掌握量,而是从

---

① 上海市静安区教育学院附属学校.后"茶馆式"教学的实践指导[M].上海:上海教育出版社,2016:
35—36.

信息处理中获取的知识及相关能力。中国国际发展知识中心发布的《全球发展报告》中指出,2020 年至 2025 年间,全球约 8 500 万工作岗位将被机器替代,到 2030 年,全球被软件和机器人代替的工作岗位将达到 8 亿个。[①]

在社会、科技日新月异的当下,学校传授的知识不再是能终身受用的,往往只是更迭发展中的一个形态,学生需要学会修正、活用知识,或是根据情境检索新的知识,或是将已有的知识进行关联、总结、补充,创造性地解决问题。[②] 诸如,欧盟发布的《终身学习核心素养:欧洲参考框架》中指出,“学会学习”是基础教育阶段各门课程需要着力培育的素养;美国的 21 世纪核心技能有关“学习和创新素养”的标志是创造力与创新、批判思维与问题解决、交流沟通与合作。这场全球化的教育发展浪潮给教学和评价带来的变革是:(1)“以学生为中心”——围绕真实情境中的问题,激发学生的原有经验,促进学生主动学习,满足不同学生的需求发展其素养。(2)设计并开展基于“问题”或“主题”的学习是实现以学生为中心、主动学习、解决现实情境中问题的重要策略,研究表明主动学习与合作学习对学生的表现影响更为显著。(3)一些重要的素养的学习很难用传统的纸笔作业或者测验进行监控和评价,需要改进和丰富了解及诊断学生素养发展状态的方式,需要开发针对特定素养的形成性评价的工具;优化评价内容,选用真实情景考察跨学科的问题解决能力,通过作品的档案袋、长作业或合作的学习成果考查学生实际应用信息、知识时的表现。[③]

世界经济与合作发展组织(OECD)的国际学生评估项目(PISA),近年来除了会评估学生在阅读、数学和科学方面的能力,每个周期还会聚焦一个新的评估领域:PISA2012 的创造性问题解决(更多聚焦于成绩的分析),PISA2015 的合作解决问题、PISA2018 的全球胜任力,以及因疫情推迟的 PISA2022 新增了创造性思维。

PISA2022 通过学生在具体任务表现中生成的相关数据来研究创造性思维的过程,将创造性思维解构为“生成多样化想法”“产生创造性想法”“评价和改进想法”三个维度的能力,以及文字表达、视觉表达、社会问题解决和科学问题解决四个领域的分类表

---

① 中国国际发展知识中心.《全球发展报告》:为全球发展事业提供智力支持[R]. http://www. 360doc. com/document/22/0624/06/33506793_1037208903. shtml.
② 刘坚,魏锐,刘晟等.《面向未来:21 世纪核心素养教育的全球经验》研究设计[J]. 华东师范大学学报(教育科学版),2016,34(3):17—21+113.
③ 陈宇卿主编. 让每个孩子充分发展——教育个性化的区域追求[M]. 上海:上海人民出版社,2022:18—19.

现形式。①

国际学生评估项目(PISA)代表国际教育评价理念和研究前沿,引领全球教育的最新发展趋势,学校教育的使命是培养适应未来学习和生活的学生对知识和技能的掌握。② 这种指向跨学科、跨国界,甚至跨时代的学生素养教育,无疑需要变革学校课堂教学、作业、考试评价等关键环节方可实现。

## 二、锚定国家学生核心素养发展相关系列要求

新时代,国家致力于构建优质均衡的基本公共教育服务体系,办好人民满意的教育。党中央、国务院、教育部前所未有地颁布大力推动教育改革的政策文件,提振公立学校为教育主阵地。

2016 年"中国学生发展核心素养"发布,细化了社会主义核心价值观和党的教育方针中所确定的教育培养目标,将宏观教育理念、育人目标与具体教育教学实践联结起来,落实到学生身上的三大领域、十八个素养要点,明确学生应该具备的必备品格和关键能力,在中观层面上回答"立什么德""树什么人"的问题。但"素养"指的是学生个性化的特质,是关于学生认知能力、态度价值、技能水平等方面综合的内隐倾向,结构复杂、抽象层级高,相关的教育教学干预与评价的探索并不能一蹴而就。值得注意的是,传统练习和反馈,难以记录关乎学生情境知识、技能和态度统合的核心素养的外在表现和心理品质的真实变化过程。这主要是因为以往的教学问题、作业练习或是考试评价基本都是"问题-反应"的操作模式。③ 这种模式下教师通过指向性较强的问题引发学生对学科内容的反应,问题任务缺乏与真实情境的照应。为了降低评价成本,教师对学生"反应"的预期也多是封闭、单一的,事实上这种模式难以科学地测量出学生潜质的"核心素养",也难以实现以评价激励学生素养发展。

2019 年,中共中央、国务院办公厅印发《关于深化教育教学改革全面提高义务教育质量的实施意见》要求,强化课堂主阵地,突出学生主体地位,注重保护学生的好奇心、想象力、

---

① OECD. PISA 2022 Creative Thinking [DB/OL]. https://www.oecd.org/pisa/innovation/creative-thinking/. 2022.

② 袁建林,刘红云. 国际大规模教育评价的经验与趋势——以 PISA 为例[J]. 中小学信息技术教育,2016,(07):20—23.

③ 袁建林,刘红云. 核心素养测量:理论依据与实践指向[J]. 教育研究,2017,38(07):21—28+36.

求知欲,激发学习兴趣,提高学习能力。同时充分发挥教师的主导作用,提升教师课堂教学能力、作业与考试命题设计的能力等。"统筹调控不同年级、不同学科作业数量和作业时间,促进学生完成好基础性作业,强化实践性作业,探索弹性作业和跨学科作业,不断提高作业设计质量;考试内容要符合课程标准、联系学生生活实际。"①

2020 年颁布的《关于进一步激发中小学办学活力的若干意见》要求,要充分激发广大校长、教师教书育人的积极性、创造性,鼓励教师大胆创新,改进教育教学方法,积极探索符合学科特点、时代要求和学生成长规律的教育教学模式;保障教师参加培训、教研、学术研究等活动,提高教育教学能力,促进教师专业成长。同时强调发挥优质学校带动作用,通过联合教研、优质资源共享等不同形式,整体提升学校办学质量。② 2020 年中共中央、国务院印发的《深化新时代教育评价国家改革总体方案》要求,改进中小学校评价,引领教师专业发展,提升教育教学水平,加强教师教育评价能力建设。③

综上一系列体现国家意志的改革文件都聚焦了学生必备品格、关键能力达成的评价,在方式上要从标准答案的解题过程转变为聚焦学生学科核心素养的达成的有效诊断和评价,教师就必须具备根据学科特点与教学需要设计评价工具的命题素养,能从评价结果的反馈中及时改进教学过程,调整教学进度,针对不同学生情况因材施教。而全学科、全学段的课堂提问、作业和试卷改革,教师一人之力绝不可行,需要汇聚集体智慧,基于科学证据,历经数年来推进。

事实上,2021 年,中共中央办公厅、国务院办公厅以雷霆万钧之力印发《关于进一步减轻义务教育阶段学生作业负担和校外培训负担的意见》,提出全面减少作业总量和时长,减轻学生过重作业负担,要求健全作业管理机制,分类明确作业总量,提高作业设计质量,加强作业完成指导等。而这些方面已经在静教院附校有效地实践多年,不仅提升了课堂教学质量,也满足了学生个性化需求。

---

① 中共中央　国务院.关于深化教育教学改革全面提高义务教育质量的实施意见[ED/OL].[2019 - 6 - 23].http://www.gov.cn/gongbao/content/2019/content_5411564.htm.

② 教育部等八部门.关于进一步激发中小学办学活力的若干意见[ED/OL].教基〔2020〕7 号.[2020 - 9 - 15].http://www.moe.gov.cn/srcsite/A06/s3321/202009/t20200923_490107.html.

③ 中共中央　国务院.深化新时代教育评价改革总体方案[ED/OL].[2020 - 10 - 13].http://www.moe.gov.cn/jyb_xxgk/moe_1777/moe_1778/202010/t20201013_494381.html.

### 三、响应各级课改对教师命题素养提出新挑战

在 2012 年的 PISA 测试中,上海学生以优异的成绩位居 65 个国家(地区)第一,但是学业成绩背后付出的代价是上海学生平均每周做作业时间为 13.8 小时,同样位列第一,比 OECD 当年参加 PISA 测试国家和地区的均值高出近一倍。学生的学业巩固需要有一定量的作业作为保障,但作业时间绝不是越长越好。研究数据显示,上海学生作业时长的临界点为 11 小时,在每周作业时间 11 小时以内,作业时间与学业成绩之间存在明显正相关,而超过 11 小时这种正相关就明显减弱。①

2013 年,教育部下发《小学生减负十条规定》,一年级新生入学后严格按照课程标准"零起点"开展教学,不得拔高要求或加快教学进度,小学阶段不能留书面作业;严格规定考试的年级和频率,小学一至三年级不举行任何形式的统一考试,从四年级开始,每门课每学期测试不超过 2 次,考试内容严禁超出课程标准,实施"等级加评语"的方式,全面取消百分制,避免分分计较。②

2014 年,教育部颁布的《关于全面深化课程改革落实立德树人根本任务的意见》提出,研究制订学生发展核心素养体系和学业质量标准;修订课程方案和课程标准;改进学科教学的育人功能,在发挥各学科独特育人功能的基础上,充分发挥学科间综合育人功能,开展跨学科主题教育教学活动,提高学生综合分析问题、解决问题的能力;强化考试招生和评价的育人导向,鼓励学校积极探索,完善学科多元的评价指标体系,将学生践行社会主义核心价值观情况纳入综合素质评价体系;整合和利用优质教育教学资源,建设共享平台等。③ 同年国务院《关于深化考试招生制度改革的实施意见》这一文件中要求深化高考考试内容改革,科学设计命题内容,增强基础性、综合性,着重考查学生独立思考和运用所学知识分析问题、解决问题的能力。④

---

① PISA 测试获第一　但我们仍需自省——上海项目组负责人张民选答记者问[N]. 解放日报,2013 年 12 月 5 日.

② 教育部. 小学生减负十条规定[ED/OL]. [2013 - 8 - 22]. http://www. moe. gov. cn/jyb_xwfb/s248/201309/t20130905_156983. html.

③ 教育部. 关于全面深化课程改革落实立德树人根本任务的意见[ED/OL]. 教基二〔2014〕4 号. [2014 - 4 - 8]. http://www. moe. gov. cn/srcsite/A26/jcj_kcjcgh/201404/t20140408_167226. html.

④ 国务院. 国务院关于深化考试招生制度改革的实施意见[ED/OL]. 国发〔2014〕35 号. [2014 - 9 - 3]. http://www. moe. gov. cn/jyb_xxgk/moe_1777/moe_1778/201409/t20140904_174543. html.

2018 年,教育部颁布的《关于进一步推进高中阶段学校考试招生制度改革的指导意见》中要求,依据义务教育课程标准确定初中学业水平考试内容,提高命题质量,减少单纯记忆、机械训练性质的内容,增强与学生生活、社会实际的联系,注重考查学生综合运用所学知识分析问题和解决问题的能力。① 同年,教育部等九部门印发了《中小学生减负措施》(减负三十条),进一步规定了初中家庭作业不超过 90 分钟,教师布置的作业难度水平不得超过课标要求,不得布置重复性和惩罚性作业;考试内容要符合素质教育导向,创新试题形式,增加综合性、开放性、应用性、探究性试题,加强情境设计,杜绝偏题怪题,注重紧密联系社会生活实际,克服命题结构固化和学生机械刷题的倾向,引导学生提高分析问题、解决问题的能力。②

从问题发现到国家持之以恒的教育政策回应,一步步的发展过程彰显,作业时间和考试不是孤立的教学问题,其背后是牵一发动全身的把握育人方向的课程和教学改革的整体性深化。只要有教学就会有学生诊断评价,课堂活动中的提问和任务设置、各类作业和考试都体现了教师作为命题人的视野、综合素养和匠心,考验了教师的教育价值导向和治学风格,潜移默化地影响着学生的日常学习。命题,绝不只是中、高考专家的事,深化课程改革必须提升教师的命题素养,"命题"是教师基本功的重要组成部分。

上海在深化课程改革过程中,已推出一系列有关教育评价的重大举措,其中最为著名的是中小学学业质量"绿色指标"综合评价。还有小学学业评价推行"等第制",增加跨学科的实践性、研究性专题学习和项目学习,进行中、高考制度的改革等等,多项重大举措都对教师的命题素养提出了新要求。上海市教委主管基础教育的副主任贾炜在不同的场合多次强调:要提高中小学教师的命题能力。上海市教委也聚焦如何提高教师的命题能力开展系列主题研修。教师命题能力也是 TALIS 能力检测中发现的上海教师的短板之一。在 PISA 和 TALIS 测试中遇到的问题以及预测未来和分析全球挑战的基础上,上海市教委提出在"十三五"期间,作业命题能力是教师专业发展和在职研修的关键专业(专项)能力。

---

① 教育部.关于进一步推进高中阶段学校考试招生制度改革的指导意见[ED/OL].教基二〔2016〕4号.[2016 - 9 - 19].http://www.moe.gov.cn/srcsite/A06/s3732/201609/t20160920_281610.html.
② 教育部等九部门.关于印发中小学生减负措施的通知[ED/OL].教基〔2018〕26 号.[2018 - 12 - 28].http://www.moe.gov.cn/srcsite/A06/s3321/201812/t20181229_365360.html.

### 四、基于区、校教师个性化教育专业发展需求

静安区在开展教育部重点课题"走向个性化——发达城区教育内涵提升的实证研究"时,曾经对区域1205名中、小学教师开展学生作业的问卷调查,发现了一系列教师作业布置中共性的问题:

其一,教师对学生作业的量和质的认识存在偏差。随着学段上升,教师平均布置给学生的作业量会逐步增加,毕业年级(五年级、九年级)的作业量是该学段作业的高峰;教师存在低估学生作业完成时间的现象,即学生实际完成作业的时间比教师预估的要长。教师和家长访谈揭示其中可能存在的两方面原因:一是教师从自己解题的速度出发,经验性地估计学生的作业完成时间,从而高估学生的能力和对知识的熟练程度;二是有部分学生完成作业时思想不集中、拖延,对于低年级学生或学困生来说这种现象尤为严重。

90%的教师并不认为作业量的增多会提高学生成绩,但教师还是会非理性地倾向于增加学生作业量,以减轻自身的工作压力;相当比例的教师还会为了争取、保持学科地位给学生布置可有可无的作业,在高中教师中这一比例占到24.79%。

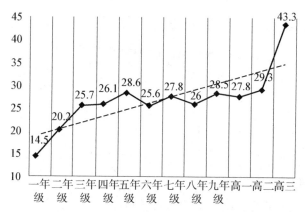

**图1-1  各年级教师每次布置作业中等生平均完成时间(分钟)**

教师对作业功能认识停留在教学中心层面,即对既定教学内容的巩固。为学生提供强化练习(88.8%)是教师认为作业最重要的作用,教师布置的作业中巩固性作业频率最高,探究性作业布置频率最低(参见图1-2)。相对而言,探究性作业与小组合作作业(0.381*)、作业具有原创性(0.311**)具有显著正相关,也就是说,布置探究性作业的教师

往往也会布置小组合作作业,且更有意识地创新编制作业。

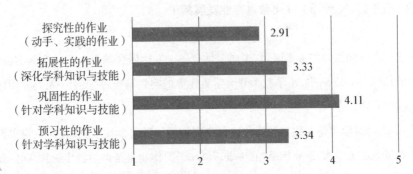

**图1-2 教师布置作业的类型(探究性、拓展性、巩固性、预习性)**

(1为从不,3为一般,5为总是)

其二,教师个性化教育信念越强,越倾向于在作业类型和数量等方面有周全、现实的度量。研究显示,教师考虑学生个性化差异与对于作业类型变化的考虑(0.548**)、作业量控制的考虑(0.544**)、其他教师当天布置作业的考虑(0.568**),以及家长的态度和意见的考虑(0.519**)之间均存在高度正相关(参见表1-1)。

**表1-1 教师作业布置的影响因素**

| | | | 布置作业时,对作业量的考虑 | 布置作业时,对学生个别差异的考虑 | 布置作业时,对其他教师当天布置的作业量的考虑 | 布置作业时,对家长的态度和意见的考虑 |
|---|---|---|---|---|---|---|
| Spearman的rho | 布置作业时,对作业类型能有所变化的考虑 | 相关系数 | .462** | .548** | .460** | .465** |
| | 布置作业时,对作业量的考虑 | 相关系数 | | .544** | .485** | .368** |
| | 布置作业时对学生个别差异的考虑 | 相关系数 | | | .568** | .519** |
| | 布置作业时,对其他教师当天布置的作业量的考虑 | 相关系数 | | | | .638** |

**,在置信度(双侧)为0.01时,相关性是显著的。

±0.10—±0.29低度相关;±0.30—±0.49中度相关;±0.50—±1.0高度相关。

教师教育素养的提升,会产生充分尊重学生差异的理念和行动效能,使教学进入一个良性的教育投入和收效循环,也会使教师步入更高的职业境界:会有意识地通过作业来发展学生的兴趣,注重布置拓展和探究型作业,布置更多的小组合作作业,将学生的学习引向纵深;在作业布置时会考虑各种综合因素,使作业在数量和结构上更趋于合理、精致、有效;教师所布置作业的原创性也会更强。

其三,教师认为作业管理的有效方式有:学校应制定科学、明确的作业规范,但在建章立制的同时,也要尊重教师的专业判断,给予教师自主的教学空间。

自上而下程式化的管理方式,如作业抽查,往往是得不到教师认同的;教师认为有效作业管理方式是,学校对于作业布置要制定科学、明确的规范制度,两者之间存在中度相关关系(0.463**)。就学校、区域层面的作为:(1)对于作业布置建章立制,尊重教师专业判断,给予其自主的教学空间,会有效调动教师的积极性;(2)可设立以班级为单位的学生每日作业总量和结构监控、反馈机制,由班主任担任班级的作业管理员,当各科作业总量不合理、不平衡时,班主任可及时与任课教师沟通;(3)应避免学科间对学生时间对抗性的争夺,学生发展是系统性的平衡,应多创设学科合作的机会,以项目学习的方式设计跨学科的综合性作业①,提高学生对于碎片化学科知识的整合和还原生活价值的运用,加强其对知识的巩固与理解;(4)利用信息技术建立区域或者学校的学科题库,共享优秀资源,让教师能够有更多时间和精力去深入研究如何针对不同学生进行个性化作业的布置以及给予学生及时的反馈。

由于学校长期推行后"茶馆式"教学研究,绝大部分教师已经形成了比较正确的教育观、学科观、学生观和评价观,绿色评价的结果显示了学校的教育轻负担高质量。但是就教师个体的命题能力而言,存在较大差异。有的教师有能力设计各种各样的题目;有的教师自己命题会有比较大的困难,常常会应用别人的命题;有的教师即使是全部自己命题,质量也不一定高……教师们对于命题优劣的判断没有经过系统的培训,缺乏命题的专业知识技能。后"茶馆式"教学已经把课堂教学与教学评价融为一体,所以,教师命题素养的提升,不但影响课外作业的布置,还影响到课内习题的设计。如何形成有效的方法、途径、策略,变教师间的差异为资源,快速提升教师的命题素养,缩小教师间命题能力差距是学校教师专业发展的迫切需求。

---

① 周彬,陈宇卿.高中生综合性作业的实践研究[J].教育研究,2002(1):88—93.

综上所述,此项研究是在上海市深化课程改革的过程中,应对多项有关教育评价重大举措,结合上海市和本校的现状,提出的一个具有一定前沿性、实践性和普适性的课题研究。

## 第三节　研究前沿把握

卢梭曾说:"误用光阴比虚度光阴损失更大,教育错了的儿童比未受教育的儿童离智慧更远。"

### 一、教师课堂提问设计的研究

课堂提问与教学效果密切相关,有效的课堂提问能启发学生,促进其对独立和合作的思考,有利于学生知识的掌握、技能的形成,减轻学生学习的负担。[①] 课堂提问也是教育研究中可观察、记录的显性特征,因此研究相对丰富。

#### (一)课堂教学提问研究发展脉络

中国知网的数据库显示,有关课堂提问的论文有5000多篇,从20世纪90年代开始,相关研究逐年增长,到2012年左右到达高峰,每年研究的文献多达400余篇,另外还有相关硕博论文3100多篇。研究分布最多的领域是"中等教育",其次是"外国语言文学",第三是"初等教育"。而在中小学的"课堂问题"研究中,最相关的主题是"课堂有效性"和"教学策略"。无疑,课堂提问是提升课堂有效性的重要一环。

课堂提问研究的主题有一个由点到面、由浅入深的发展过程。首先一批译著,诸如《课堂提问的艺术》(1984)、《美国中学生探究法和提问法》(1988)、《改进教师提问系统》(1989)等的引入,开辟了课堂提问要"创设良好问题情境"、要"引发学生主体的探究"的研究方向,也推动了前沿的教学实践主张的形成。直至2000年初,我国很多相关研究是围绕课堂提

---

① 洪松舟,卢正芝.我国有效课堂提问研究十余年回顾与反思[J].河北师范大学学报(教育科学版),
　　2008,10(12):34—37.

问的等待时间的掌握、发问顺序的把握、提问言语的精加工、认真倾听与反馈等,即从西方认知心理学某一方面的教育教学研究结果或原则入手,进行本土化实践演绎,形成了一系列有效课堂提问的概念和作用界定,以及微观层面的应然提问技巧、方法和问题艺术的探讨。

### (二)课堂教学提问研究的系统化

随着对该领域"知-行"的逐步深入,研究者发现,教师们虽然有意识地去提问,但提问的质量不高,多是封闭性的,提问的主体还是教师,课堂的有效性并没有因为提问频率的增加而提升。① 教师对课堂提问需要有赖于更加系统、科学的设计。2001 年开始相关领域的硕博论文涌现,中等教育领域的研究占到 52.8%,这充分体现了中学生课堂中师生对话的重要性;有逾 1/3 的研究是课程与教学论领域的,研究内容呈现学科分化的特点;而且与前一阶段的研究不同,越来越多的研究基于一个或多个系统的教育教学理论作为基础土壤。

有一类研究是以布卢姆教育目标分类作为理论基础,如有研究对"一师一优"平台上九节优质初中英语阅读课进行分析后发现,课堂中记忆、理解型问题所占比例最大,而且使用频率最高,接下来依次是应用型、分析型、评价型和综合型问题。也就是说,学生低水平认知问题比例和使用频率最高,中等和高认知水平要求的问题比例和使用频率依次递减。② 无独有偶,另一个关于高中英语课堂提问的调查研究同样使用了典型课分析的方法,发现记忆和理解问题占比高达 78%,从而得出课堂问题学生认知参与水平低的结论,但研究者也表示,教师的问题往往先理解后分析,先应用后创造,一般来说,低认知水平的问题是高认知水平问题的基础,这也符合认知发展循序渐进的规律。③ 对于教师而言,高、低认知水平的问题本身就是一个相对抽象、主观的判断,加之认知水平高、低的问题比例不能直接对应课堂有效的高、低,因此相关研究结果难以作为教师实践大规模改进的依据,但会让个别优秀教师有宏观的判断意识,在原有的设计基础上优化问题所调动的学生的认知水平。

① 郭华.教学社会性之研究[M].北京:教育科学出版社,2002:79.
② 韩姝.基于布鲁姆教育目标分类理论的初中英语教师网络优质阅读课堂的提问研究[D].上海师范大学,2020.
③ 熊英.布鲁姆教育目标分类在高中英语课堂提问中的调查研究[D].黄冈师范学院,2022.

### (三) 课堂教学提问发展新阶段——问题链

另一类重要的研究以 SOLO(Structure of the observed learning outcome)分类理论作为基础。该理论把学生的认知(对问题的)作答划分成几个不同程度的水平:(1)前结构水平,指学生对于知识、概念模糊或者不了解,只提供了一些逻辑混乱、没有论据支撑的答案;(2)单点结构水平,学生只能将注意力集中在一个知识点上,想法单一、收敛,窥一斑而不见全豹,只停留在知道水平;(3)多点结构水平,学生思维发散,能够把信息孤岛联系起来;(4)关联结构水平,学生能找到多个解决问题的思路,将不相关的问题联系起来用以解决问题;(5)抽象扩展水平,学生能够从理论的高度来分析问题,对问题进行抽象概括、独特建构,而且能够深化问题,使问题本身的意义得到拓展。在 SOLO 分类理论的影响下,课堂问题得到结构关联、系统层次的发展,衍生出一连串启发学生思考和探究的问题序列——问题链研究。

所谓的"问题链"是指教师为了实现一定教学目标或教学任务,在学情分析(了解学生已有知识结构或经验水平)、教材分析、教学重难点预测的基础上设计的多个有逻辑递进、层层铺垫、环环相扣的主干问题集合,学生解决学科问题的兴趣、探究的欲望得到激发,实现了课堂中师生间双向交流的对话,将学生的独立思考及协作学习结合。①② 从 2010 年之后,"问题链"的研究成为课堂提问研究、深度学习的新热点,研究成果逐年攀升。根据中国知网数据,2012 年起,"问题链"的相关研究每年破百篇,另外每年相关的硕博论文有 20 多篇。2021 年每年的相关研究已经增长了近 10 倍。研究成果方面,除了典型课例研究,还产生了一批控制变量的教学实验研究。比如初中英语阅读新授课开展问题链教学设计的实验研究发现,问题链教学能显著提升学生的思维参与度;阅读素养中学生分析、归纳、评价,即深层阅读能力提升最为显著;学生回答阅读理解题目的正确率也显著提高(p<0.05);访谈显示学生英语学习的兴趣和自信心也得到了增强。实验证明了问题链教学的有效性。③ 再如,一个针对初三化学复习课的问题链教学实验研究中,两组前测没有显著差异的学生,与仍以单元常规复习的对照组相比,实验组的学生在接受问题链式专题复习课的后

---

① 唐恒钧,张维忠,陈碧芬.基于深度理解的问题链教学[J].教育发展研究,2020,40(04):53—57.

② 方林,陶士金,高爱英.高中物理单元教学"问题链"的编制研究[J].基础教育课程,2021,(02):54—61.

③ 武志娟.问题链教学模式在初中英语阅读教学中的实验研究[D].内蒙古师范大学,2019.

测(初中毕业统一测试等)中,化学学习兴趣、主动参与学习的程度、自学能力、学习习惯以及化学成绩都有显著提升。[①]

综上,如果说布卢姆的认知目标分类理论下的课堂提问是从教师、教学的角度去提升课堂提问质量,那么 SOLO(Structure of the Observed Learning Outcome,可观察的学习结果结构)理论下的"问题链"则更偏重于学生学习的视角,能够更有说服力、更精准地从学生的反应来客观评价课堂问题对个体思维深度和广度的影响。目前,"问题链"已经成为课堂教学提问研究的流行方式,优越性明显。第一,"问题链"让教师有意识地在课堂教学中不是碎片化地讲授知识,而是增强教学的主线和整体逻辑。第二,为了设计显性的问题链,教师需要综合各种可用的教学信息,如教学目标的分类、学情分析等,对于学生发展水平有所预期,甚至还要设计分层的目标,从而在课堂中构建循序渐进的以问题承载的教学推进阶梯。第三,通过课堂提问将学生隐性的思维发展轨迹显性化,有助于了解学生对某个具体问题的认识水平,有助于教学效果检测及个性化的对话跟进,让真实的学习发生。

已有的研究数量虽然不少且研究总量规模不断在增加,但主要可分为两类,一类属于理论性研究,如对于问题链的价值意义判断、描述性的概念、特点界定等;另一类是分学段的,由个体教师为研究者,从不同学科出发聚焦实践去实证"问题链"教学的优势。但前者的研究太过宏观,而后者的研究则过于学科微观,都有些远离常态课堂,难以让缺乏相关基础的一线教师得心应手地转化为课堂中的操作之法。

事实上,目前真正在学校层面扎根研究,涉及全学科、跨学段,且经过实践检验,以教师已有的教学实施步骤为基础,以教师原初课堂提问水平为起点,教师能够依循仿效去做的课堂"问题链"教学模式研究成果是缺乏的。大规模的教学应用和推广亟待在学校的中观层面有推进的框架和步骤,借由有效的"课堂教学提问"的指南和操作方法,让教师的课堂教学中提问刺激与学生反应强化、接受这一过程建立更多有价值、有深度、适性的大脑链接,使学生的思维被有效激活,学习走向深度。

## 二、作业设计的研究

在我国,作业一直是学校教育中一个敏感且复杂的问题,一方面,作业是很多学校的

---

① 袁系林."问题链式专题复习学案"在初三化学教学中的应用研究[D].上海师范大学,2012.

"法宝",同时也可能体现学生的负担,因此学校不愿意主动分享真实的作业布置的数据。另一方面,学校作业涉及各学科差异、每次作业量和布置频率的差异,教师布置的作业要匹配和补充不确定的课堂教学,不同的学生作业负担和效果也有差异,教师的知识、能力和眼界也是不同的。学校整体作业设计优化是一个庞大、多变量的演进系统,并非一朝一夕能够取得突破性进展的。

### (一) 实证揭示教师作业设计问题

教师在作业设计中可能存在自身都未意识到的专业发展的瓶颈。一项对上海市义务教育阶段三至八年级 30 000 多学生及其教师和家长的抽样调查研究显示:

第一,教师会不自觉低估学生的作业时间,导致作业负担增加。教师估计的作业时间少于学科专家估计的时间,也低于学生实际完成作业的时间,这可能是由于教师选取中等偏上的学生完成作业的时间作为标准作业时间,或者教师往往不考虑学生在作业遇到困难时要查阅资料或向人求助所耗费的时间,以及学生的预习、复习和背诵时间;事实上,家长报告的作业开始和结束时间要高于学生自估的作业时间,因为学生的时间统计往往不会包括走神、吃零食、休息或者与同学讨论的时间。[1]

第二,教师是作业的笃信者和依赖者,缺乏对作业正确的认识与反思。在教师、学生和家长三个群体中,教师认可"作业有用""作业能提高成绩"两个统计项的比例最高,98%的教师和95%的家长都认为"作业有用""作业能提高成绩";而对应93.6%的小学生、89.8%的初中生中认为"作业有用";认同"作业能提高成绩"的小学生为90.6%,初中生更降低到了83.9%。[2] 在这种情况下,90%的教师认为"做作业有助于增加学生对学科的重视程度",从而倾向于多布置作业,企图让学生投入更多精力,从而提升学科成绩。[3] 而这一定程度上导致了学生的压力增加,对作业产生反感,更不要谈体验学科的乐趣了。

第三,作业占用教师大量的工作时间,但在各环节(作业设计、作业批改、问题分析、作业辅导和作业讲评)中耗时最多的却是作业批改。调查显示,教师每天每个班与作业相关

① 王月芬,张新宇.透析作业——基于 30 000 份数据的研究[M].华东师范大学出版社,2022:87—90.

② 王月芬,张新宇.透析作业——基于 30 000 份数据的研究[M].华东师范大学出版社,2022:104—108.

③ 王月芬,张新宇.透析作业——基于 30 000 份数据的研究[M].华东师范大学出版社,2022:109—110.

的工作总时间平均约为 2.5 个小时。如果老师教两个班,作业工作时间就占了在校工作时间的一半以上,而且占比最大的是作业批改时间(30％左右),语文作业的批改时间更显著高于其他学科。相对而言,教师花在与作业质量和效果直接相关的作业设计的时间比例则不到 20％。而且,随着教师教龄的增加,教师在作业各环节中投入的时间及比例没有显著差异。① 也就是说,教师并不会随着经验丰富而在作业设计方面有必然的、显著的提升。

第四,作业设计缺乏基于学情的创生。虽然调查显示教师布置的作业来源是备课组统一的设计、练习册和教科书,以及教师个体的自编作业,但是通过学生实际的作业文本分析发现,无论是备课组统一的作业、校本练习册上的作业还是教师自编作业,几乎都是原封不动照搬教辅材料的内容,几乎不作任何筛选、重组或完善,这个情况初中比小学更甚。这必然会导致作业中重复训练成分大、作业缺乏对学情和教育新目标的关注。② 共性问题表现为,作业缺乏面向不同层次学生开放选择性;作业类型不够丰富,以纸笔作业为主,以知识和技能层面的练习为主,缺乏对高水平学习目标的落实;作业内容缺乏与作业目标科学、有效的匹配,对练习必要性的追问不够,以及难度的分布不够合理。这一系列问题在初中作业中更加凸显,对于成绩靠后的学生负面影响更大。③

综上,教师在学生作业设计中对于作业时间控制、作业功能的认识与反思,对作业工作有效的投入以及实际作业的创造性和适切性普遍存在问题,而且这些问题往往是教师自身无法通过个人经验积累而自然得到解决的,需要外部的引领和干预。

### (二) 国外研究中作业设计的应然

通过对国外经典的文献进行研究发现,教师设计作业的目的是影响学生作业兴趣的关键。④ 教师作业设计时要考虑多个方面:

---

① 王月芬,张新宇.透析作业——基于 30 000 份数据的研究[M].华东师范大学出版社,2022:97—101.
② 王月芬,张新宇.透析作业——基于 30 000 份数据的研究[M].华东师范大学出版社,2022:110—114.
③ 王月芬,张新宇.透析作业——基于 30 000 份数据的研究[M].华东师范大学出版社,2022:115—120.
④ Salend, S. J., & Schliff, J.. An examination of the homework practices of teachers of students with learning disabilities. [J]. Journal of Learning Disabilities, 1989(22):621 - 623.

其一，厘清、明确作业的目的，如果教师作业的目的都是外在于学生的，比如要填补教师在课堂上未完成的教学，巩固课堂学习内容等，为提高学习成绩反复操练，以此增强学生对学习的重视度，甚至教师自身都不明确作业的指向，这样的作业是不太可能引起学生的兴趣。教师可以布置荣誉作业激发学生的学习兴趣，但布置无趣的、无效的作业作为对学生的惩罚是不可取的，"这会给学生非常强烈的暗示，作业是无聊且令人厌恶的"①。

其二，作业内容要充分考虑学生的现实需求，特别要关注非学业性的、生活性的需求，并建立与作业的关联性。作业要有趣且富有激励性，诸如能展现学科魅力的方面，让学生觉得有趣、值得思考，甚至会沉迷于此，让学生为即将到来的课程、考试、未来的生活或未来的职业发展作好准备，学生会对作业这一"有意义的劳动"渐生情愫，并逐步形成良好的作业习惯和态度。

其三，教师需要根据学生情况适当调整作业难度，以确保学生个体能有较高的完成率和正确率。研究显示，当学生的作业完成率和平均正确率能达到70%或更高，这样的作业对于后进生、学困生才有价值。② 作业不能太复杂，形式也不宜过于"新颖"，与学生已有的认知出入太大，这样会大大增加作业中的问题，从而降低作业效率及作业应有的激励作用。因此，备课组统一布置、缺乏面对不同个体的调整的作业，不仅谈不上权威，而且很可能是局部失效的。有效的作业设计应该考虑作业布置和完成形式、作业篇幅数量、作业提交和批改形式、作业激励奖励方式等方方面面，教师应根据实际的学生情况不断评估和调整，以便在最大程度上提高学生的作业完成率和正确率。

作业是教学、活动的延伸，理应比班级授课的课堂更具有丰富性和个性。为了推进教育公平，学校和教师应该努力通过作业这个窗口赋予学生知识应用和展示的机会，允许和鼓励学生在作业中表现出来的与众不同的学习节奏和思维路径；给予学生过程性的评估、精准的"迷思"诊断，以及差异化的支持和反馈。

基于教师作业设计的现状与理想状态之间的断层，学校、校本研修应成为教师提升作业设计的主阵地，通过"嵌入式"的在职培训提升教师相关专业能力，提升校本作业管理，汇聚教师集体智慧创生、构建作业库，以及执行日常作业的有效跟进与反馈机制，这也正是静

---

① Cooper, H. (1989b). Synthesis of research on homework. [J]. Educational Leadership, 47(3), 85 - 91.

② Rosenberg, M. S. The effects of daily homework assignments on the acquisition of basic skills by students with learning disabilities. [J]. Journal of Learning Disabilities, 1989(22), 314 - 323.

教院附校致力于多年的探索。

### (三) 作业设计研究的新趋势

2021年教育部办公厅《关于加强义务教育学校作业管理的通知》提出,教师要提高自主设计作业能力,精准分析学情,精准设计作业,精选作业内容,有条件的地方,鼓励科学利用信息技术手段进行作业分析诊断。

学校教育的目标是学生进行真实的学习,在真实世界中幸福生活。如今各国教育强调核心素养的培养,根本就是超越已有的学校教育价值,让孩子不限于已有的知识成果和能力要求,成为一个适应不确定未来的、能创造性解决问题的人。为此,学校教育远不能止步于学科知识的掌握,而是要帮助学生跨越学科语言与解决真实世界问题之间存在的一道鸿沟,奠定更加坚实的基于素养的专家型思维,也就是基于精心选择的"大概念"的教学。① 基于课程标准、学科核心素养的"大概念教学"最终指向学生能自主应用知识解决嵌入情境的问题,这一扑面而来的思潮正深刻而悄然地影响学校作业设计的发展趋势。

#### 1. 单元作业

单元作业是突破了零散化、碎片化的知识、能力记忆和练习,聚焦单元重点、难点内容,指向整个单元核心概念、观念、能力、学习习惯、学习策略、学习品质培养的作业。它作为重要的教学环节,能协同实现单元教学目标。相关研究显示,单元作业的设计需要依托大概念构建作业目标,基于大概念学习要求设计评价方案,围绕表现性目标创设和组织学习活动,教师要不断回溯作业设计的目标,不断提升整合作业设计的路径和技术。②

#### 2. 长周期作业

长周期作业指围绕一个中心主题、观点、问题或任务,学生在较长一段时间内持续地、综合地运用相关的知识、技能亲历问题解决的作业过程。完成作业的过程通常需要几日或数周不等,以此实现学生自主生成性的知识构建。③ 这类作业往往从学生的经验出发,有一

---

① 刘徽.“大概念”视角下的单元整体教学构型——兼论素养导向的课堂变革[J].教育研究,2020,41(06):64—77.

② 李学书,胡军.大概念单元作业及其方案的设计与反思[J].课程·教材·教法,2021,41(10):72—78.

③ 教育部基础教育司义务教育高质量基础性作业体系建设项目组.学科作业设计指引[M].教育科学出版社,2022:44.

定的挑战性,需要持续的智力因素与非智力因素的投入,学生要能迁移、综合应用课堂所学和自身所具有的知识和能力、开放学习和社会交流能力,多角度、多元化、创新地表征学习结果。长作业能够发挥作业的育人功能。

3. 跨学科作业

当作业不再受囿于单一学科碎片化的学科知识和及时反馈,而是以贴近学生生活的真实问题为导向,就将会走向多学科知识、视角,多种学科的理论和思维方法相结合的问题解决。比如 2018 年 PISA 科学测试的情境中设计了健康与疾病、自然资源、环境问题、自然灾害、科技前沿五个话题,每个话题又细分为个体、国家和全球三个维度①,与学生的切身关注和兴趣相匹配,学生需要调用物质系统、生命科学、地球空间系统、社会环境系统、信息学的知识来综合解决问题。跨学科作业不是分科作业的相加,而是多学科的重组;跨学科作业不是学科知识的训练,而是对知识迁移的实践和体验;跨学科作业不是个体独立完成,而是需要小组或集体合作的社会性任务达成。②

4. "双减"政策下的高质量作业体系构建

"双减"政策颁布之后,优化作业设计,构建高质量的作业体系成为学校实践的方向。实际上,几次好的作业或者几个单元好的作业,甚至单一学科的好作业都无法系统发挥减负作用。高质量的作业体系要兼顾学科有效性、学科间的平衡性、学段间的衔接性和学生个体的适切性,以最终实现学校整体育人的科学性。

长期以来,静教院附校在绿色评价中作业指数(学生作业量比例)都显著高于市、区平均值。学校对于作业的管理已经从对单科作业数量、时间的控制到以学生为本的各科作业负担的有效监控;从作业优化,改善机械作业、无效作业到对符合学生最近发展区作业的系统开发和个性化地提质实施;以及在全学科、全学段探究型、实践型、综合型、跨学科作业的增效探索。

## 三、教师命制试题的研究

命制试题是教学测量和评价的重要环节。

---

① OECD. PISA2018 Assessment and Analytica Framework [M]. Paris:OECD Publishing, 2019.
② 代文利. 课程整合视角下的跨学科作业设计研究[D]. 华中师范大学,2021.

**（一）关于命题的国外研究实践**

目前，美国托福、英国雅思考试成为普遍认可的人才选拔的水平考试。事实上，以美国为代表的西方在"命题"理论建构、学术争鸣和对教师命题素养重视程度等方面的研究都早于我国数十年。

美国学者早在 20 世纪初就从心理测验出发，对人进行各方面的测量。桑代克创始了成绩测验（Achievement Tests），主张使教育"成为一种科学及有效力的艺术"，他编制了具有严格规定的"标准测验"，以获得不带任何局限的客观成绩；应用统一的量表，以制定规定的标准。① 1941 年，瑟斯顿通过因素分析，将智力分解成 7 种基本心理能力，编成了基本心理能力测验；60 年代，吉尔福德将创造力看作发散思维的能力，编造出测量创造力的测验；80 年代，研究者依据布卢姆的认知行为目标编制学科试题，测量学生的学习结果。② 1994 年，美国出台《2000 年目标：美国教育法案》推动了基于标准的教育改革运动（Standards-based Assessment），这一运动弱化了考试的智商及能力测试倾向，转而强调考试与内容标准的一致性，根据表现标准确定考试结果③。标准化考试进入对考核内容信效度追求的阶段，这又在学界中引发了备考会让学生目光短浅地进行反复应试操练的质疑。④ 21 世纪后以 SAT 为代表的考试，重新审视命题的分项效度，让考试导向为新的教育目标，即为大学学习和职业生涯做好准备搜集证据。⑤

1990 年，美国正式颁布"教师教学评价专业标准"（简称"能力标准"），它是指导美国中小学教师提高教学能力、管理能力和评价能力的奠基性文件。其中，"能力标准"的第三条为：教师应具备实施、评定并解释外部编制考题和教师自编考题结果的技能。随着时间的推移，美国教育界专家不断对"能力标准"进行补充和丰富。詹姆斯·麦克米兰提出了教学评价的 11 条原则，理查德·斯蒂金斯提出了教学评价的 5 项要求，苏珊·布鲁哈特提出了教学评价的 11 条建议，提出教师应该能够分析课堂问题、测试题目和表现型评价任务，明

① 王天一，夏之莲，朱美玉.外国教育史[M].北京：北京师范大学出版社，1993：258—260.
② 郑日昌主编.心理与教育测量[M].北京：人民教育出版社，2011：498.
③ 雷新勇著.基于标准的教育考试、命题、标准设置和学业评价[M].上海：上海科学技术出版社，2011：30.
④ 陈艳.美国 SAT 考试历史变迁研究[D].南京师范大学，2011：41.
⑤ 周云.效度视角下的 SAT 考试开发研究[D].上海师范大学，2020.

确学生完成这些评价任务所应当具备的思维技巧和知识水平。"能力标准"得以日臻完善。2010 年,詹姆斯·波帕姆(W. James Popham)出版《教师课堂教学评价指南》一书,为教师提供了如何评价课堂的详细指南。

### (二)教师命题的国内实践

我国虽然经历了千年的科举考试,也是一个重视考试人才选拔的大国,但国内的试卷编制、考试命题研究星星之火起始于 20 世纪 80 年代。1986 年,桂诗春编著了《标准化考试——理论、原则与方法》,1997 年,李筱菊编著《语言测试科学与艺术》,这些测试专家出版和发表的著述,大都从较为宏观的层面论述了测试的功能、分类、方法等。21 世纪,越来越多的学者开始关注和研究标准化考试,比如雷新勇于 2006 年出版了《大规模教育考试:命题与评价》。

随着基础教育课程与教学改革的不断深入,教育教学评价的意义和功能发生了重大的转变。评价不再是强调把所有学生分类或是划分等级,而是更为强调教师如何在教学过程中,通过评价帮助学生达到学业标准。同时还强调教师对教学行为的分析与反思,使教师从多种渠道获得信息,不断提高教学水平。单志艳于 2007 年出版的《如何进行教育评价》,以及李云会于 2010 年编著的《教师教学评价力修炼》等著作,均对教师的教学评价能力提出了新的要求。

《国家中长期教育改革和发展规划纲要(2010—2020 年)》中,就命题考试与评价改革提出明确目标,要求课程考试评价要关注学生的学习水平和能力养成过程。提高教师的教学评价能力是提高教学质量、促进学生发展的必要条件。

除了教育专家形成对教育教学评价的专著外,一些政府部分和地区也开展了相应的教育实践。2009 年,为切实减轻师生过重的考试压力和负担,江苏省教育厅下发《关于进一步规范中小学考试问题的通知》,南京市教研室组织开展"南京市初中教师基本教学能力测试",测试项目中包含两个重要方面:根据教学目标、重难点和学情,编制形成检测题;对问题进行诊断,并提出补偿矫正的方法,编制平行性矫正试题也是其中重要的内容。

2011 年 10 月,"义务教育质量综合评价改革项目推进会"在上海召开,上海市教委与教育部课程教材发展中心就部市合作项目"建立绿色指标体系"共同签约,上海正式推行"绿色指标",率先在义务教育阶段进行全市层面的学业质量监测,建立质量评价系统。

### （三）新课改让教师命题成为亟待提高的专业素养之一

日常教学中，命制试题是每一位教师的必修课，许多地区甚至把命题作为考核（招聘）教师的一个重要指标。"一份试题质量的高低，能够直接反映出一个教师的知识储备和专业素养。"因此，命题素养是教师专业素养之一。

但就中国知网的数据分析显示，以教师素养为主题的研究有数千篇，而关于教师考试和命题素养（能力）研究的则只有数十篇，可见，相关领域的研究还远未受到重视。

我国自 1988 年推行新课改以来，经历了一期课改、二期课改，到如今全面深化课程改革。每一次课改都对教师素养提出新的要求，教师素养是新课程改革的基础，也是新课程改革成败的关键。

2001 年颁布的《基础教育课程改革纲要（试行）》，要求"教师在教学过程中应与学生积极互动、共同发展，要处理好传授知识与培养能力的关系，注重培养学生的独立性和自主性，引导学生质疑、调查、探究，在实践中学习，促进学生在教师指导下主动地、富有个性地学习。教师要创设能引导学生主动参与的教育环境，激发学生的学习积极性，培养学生掌握和运用知识的态度和能力，使每个学生都能得到充分的发展。"

《中小学教师专业标准（试行）》中提出教师的专业能力（专业技能）包括教师教学评价能力，并对此进行了详细描述，其在中学阶段是"教育教学评价"，在小学阶段是"激励与评价"。

《关于全面深化课程改革、落实立德树人根本任务的意见》中又给教师提出了新的更高的要求，如"加强考试招生和评价的育人导向"，"加强考试评价研究"。这些新要求都需要教师提高试题的命制能力，即命题能力。

教师的命题能力，是指教师依据新课程标准和现行新教材，按照各类考试的范围和要求，遵循一定的命题原则，编制出一套题量适中、题目新型、结构合理、内容科学正确、难度适中、有较高检测度和区分度的试题的能力。命题是教学检测的前提，是教学流程中的重要环节，是新课程改革背景下教师教学能力的重要组成部分。命题的过程，是教师进一步分析、研究和深层次把握教材的过程，是排疑解难、拓宽知识面的过程，是深入了解教学实际的过程，因而是一个教学能力大锻炼、大提高的过程。命题能力体现教师的专业水平，因为一份科学、有效的试题不仅体现教师对课标、教材的理解与把握能力，也体现教师对学生的研究深度、对学生学习的了解程度。

教育政策、教师专业发展、教育实践对教师的命题与评价能力提出了相应的要求,这体现了教师教学评价能力的重要性。然而在课程改革深化发展的今天,教师的教学评价能力仍面临众多问题:观念不清,知识不足,技能欠缺。分析这些问题,原因主要有这样几方面:一是教师自身思想上不重视,认识上有误区;二是学校对教师的教学管理不到位;三是缺乏专业知识指导和专家引领,大多数老师在职前没有接受过系统的测试学训练,职后又缺少专业指导。

## 第四节　命题研究的价值

### 一、主要观点

基于多年"后茶馆式"教学实践的思考,以及从教师课堂问题设计、作业设计及命制试题三个维度的文献研究,我们发现:

1. 教师命题素养是实践中需重构的概念

面向未来的学校教育需要让学生自己去面对问题,受困于问题,随后试图去解决问题,有时问题可能不能马上解决,而是悬于矛盾之中,但学生能经历学习和成长。教师若不明命题就里,不知道学生的问题在哪里,就不可能教会学生解决问题,也无法科学评价学生。本研究中的命题,不是标新立异或者舍近求远让教师去设计项目化活动或者主题活动的问题,而是体现在日常课堂上的教学提问,课后的作业设计以及学生评价的试卷编制。

2. 相关命题研究极其匮乏

命题是教师工作的重要环节,是教学基本功的组成部分,具有较强的试卷命制能力和学科评价能力是教师专业化发展的必然要求。在《关于全面深化课程改革,落实立德树人根本任务的意见》这一文件的指导下,教育界普遍认识到要加强对教育评价的研究,但是对于提高教师的命题能力和命题素养的研究,从文献检索情况来看,非常缺乏,亟待在教学实践中进行探索。

3. 教师缺乏命题的专业知识技能

欲求水流远,源泉须博深。命题是一门科学,要提高命题素养,教师需要在学习培训中掌握扎实的专业知识,掌握一定的测试学知识,具备一定的教学评价能力。只有这样,才能按照教学考核或学业评价的要求编制出一份有质量的、科学、有效的试卷或作业题。而上述文献梳理中某区教研室的问卷调查结果显示:平时对学生的练习、检测能坚持自己选题、编题进而自主命题的教师不到总数的10%,可见教师缺乏命题的意识及相关的专业知识和技能。

4. 教师需要在实践中提升命题素养

教师的命题素养不会随着学历提高、教龄增加而自然提升,需要在命题实践中不断提高。布鲁姆指出,一个人有效的学习始于他准确地知道要达到的目标是什么。教师要想对学科、学生、学习目标有透彻理解,需要长期努力学习、刻意实践,只有这样才能提高命题能力,提升命题素养。

全面深化课程改革的核心理念是一切为了学生的全面发展,而对学生进行全面、科学、中肯的评价需要教师掌握正确的评价手段和评价方法,提高命题素养有助于促进教师其他各项能力的有效发挥,有利于提升教师的整体素质,从而带动学校整体教育教学质量的提高。为此,我们进行深化课程改革过程中提升教师"命题素养"的研究,力图通过研究切实提高教师的命题素养和评价能力,促进教师的专业成长,推动教育教学改革纵深发展。

## 二、我们的研究设计

我们在多年实践的基础上,开展了规范的上海市教育科研市级一般课题研究,具体研究设计如下:

1. 研究目标

(1)阐释提升教师命题素养的策略、方法和途径等;

(2)形成多学科课内外教学中,多样化、多层次的典型命题样例;

(3)积累跨学科专题学习、项目学习的主题及相匹配的测量工具。

2. 研究内容

(1)本校教师命题素养现状调查及提升研究

根据绿色指标评价,本校学生回家作业量历年来逐步减少,目前作业量已经基本得到控制,这些反映出本校教师命题素养的现状。教师具有一定的本学科素养,但是缺乏跨学科的专题学习的命题素养。命题范畴也较狭隘,不符合深化课程改革的要求。

> 调查分析本校教师命题素养现状；

> 提炼影响教师命题素养及其提升的相关因素；

> 进行提升教师命题素养的理论学习和策略研究；

> 探索普适性强、有一定推广价值的提升教师命题素养的方法与途径。

（2）基于提高教师命题素养的课内外学科实践及案例分析

后"茶馆式"教学强调课堂教学与教学评价融为一体。本研究从课内到课外，从课时、单元、学期到学年，从单题研究到多题整合研究。

> 进行作业多样化研究，满足不同学生、不同学科、不同情境对命题的不同需求；

> 边实践边研究，完善提升教师命题素养的策略、方法和途径；

> 积累各类、各层次多样化典型命题样例。

（3）跨学科专题学习、项目学习的主题积累与测量工具的设计开发

这项研究对本校绝大部分教师都是全新的领域，课题组组织文、理多学科教师队伍参与研究。

> 分析我校原有专题学习、项目学习的内容，以跨学科解决问题为导向，研究性、实践性专题学习及项目学习为价值取向，梳理已有的测量工具；

> 开发并积累跨学科专题学习、项目学习的主题；

> 进行专题学习、项目学习的开发性研究；

> 探索在该领域提升教师命题素养的有别于单学科研究的特殊规律。

3. 研究步骤

研究以全校教师为主要对象，综合运用多种研究方法：用案例研究法归纳、提炼提升教师命题素养的路径和方法；用行动研究法，端正教师命题思想、学科素养、命题能力，积累样例；用循环实证研究法，以学期为单位展开教师命题能力的研究，采用"收集-分析-评估-反馈-改进-实践"多次往复、不断循环的操作路径，并基于证据展开研究分析，对提升教师命题素养的经验不断筛选和完善，提升教师对学情的把握力、课标的理解力、命题的设计力。

在经过六个阶段的逐层推进，全校范围内提升教师命题素养之后，学校把相关的研究结果推广到基地学校：

（1）收集各学科教师已有的各类作业、练习等与命题相关的资料，归纳作业类型，发现教师命题中的"故事"等。

（2）初步形成提升教师命题素养的研究路径。

（3）对参与共同研究的学校教师进行提升"命题素养"的研修和对话，同时初步形成教师"命题素养"提升的操作方法，让教师有所了解，并且应用于学校的日常课堂教学中。

（4）基于证据开展提升"教师命题素养"的循环实证研究，反复修正，逐步形成比较完整的，具有普适性的操作路径，积累各学科教师命题试卷。

（5）在以上研究过程中，形成有结构的命题资源库，用于教师自我修正，自我完善、自我提升。

（6）相关专家全程参与研究，提供理论支持，并适时指导教师的教学实践。

教师命题是一项系统工程，需要教师走出"经验主义"或"拿来主义"的舒适区，在日常教育教学中需要始终保持动态专业智慧判断的意识，审视教学目标与学生个性化学习两者之间的差距，如琢如磨追寻课堂问题、课后作业和考试命题对弥合学生个性化最近发展区的适切与有效作用。教师竞相在"思学研教"中丰富和深化对后"茶馆式"教学的理解和实践。本书是静教院附校凝聚全校之力持续多年致力于提升教师命题素养研究的智慧结晶，并非一蹴而成，而是教师经历了反复多轮的协作学习，科学循证的优化改进，集腋成裘形成命题库，将命题素养常态研修等。相信这一适切教师最近发展区的完整过程和一系列典型样例能为未来更多同行的学校与教师提供路径指引与实践启示。

# 第二章　课堂教学中的问题及问题组合设计

　　依据新课标的新理念与新要求,义务教育阶段的学校教育将会发生一系列变化。教学将以核心素养为指向,依据新的教学结构重组各种教学要素。以记忆、理解为出发点的教学,将走向以问题解决为出发点的教学;以先学后用为特点的能力培养观念,将走向以做中学、用中学为导向的能力培养模式;以先零后整、碎片积累的组装式学习,将走向应用驱动、且做且学的整体性学习;从以往较多关注知识学习的系统性、准确性,将走向更关注观念领悟的深刻性、迁移性;从以往较多看重学习的结果水平,将走向更看重学习的过程等等①。我们有理由相信,新课标的颁布,将开启新一轮的教育教学改革。

　　既然教学重心将从重结果回到重过程,学生的思维能力、探究能力和实践能力培养将成为最重要的教学任务②。因此,命题改革的方向就要强化对思维过程、探究过程和做事过程的测量和评价,从注重考查记忆理解的结果到注重考查思维过程、探究过程和做事过程的发展水平③。这样的命题思想与素养导向的教学秉持同样的原则:最好的教学在于激发学生的思考,引导学生的探究和指导学生的做事。

　　以往传统的课堂教学中,教师常常说:"这些学生真笨,一模一样讲了三遍还听不懂。"是学生笨,还是我们教学本身有问题。教学,既有学科研究,还有对人的研究。我们以研究学生为视角归纳日常课堂教学的弊端:

　　1. 教师总体讲得太多,但绝大部分教师并没有认识到这一点,常常把自己的讲

---

① 翁乾明. 跳出"新课标"把握"新课标"——由义务教育"新课程方案"引发的思考[J]. 福建基础教育研究,2022(05):8—11.

② 陈中峰. 立足"四基"聚焦素养　凸显育人导向[J]. 数学通报,2022,61(06):34—37.

③ 姬文广. "新"在哪里——关于义务教育新课标、新教学、新命题的探析[J]. 河南教育(基教版),2022(06):4—8.

解作为学生学习的唯一途径。

2. 学生学习中暴露出的问题不够多,解决的更少,教师仅仅告诉学生什么是正确的,没有关注学生是怎么想的。

3. 许多教师不明白自己每个教学行为的价值取向何在,往往带有盲目性。

4. 教师没有正视学生间差异,即使有关注,也只是关注学业成绩上的差异,除了布置大量练习或提供补课之外,缺少其他办法①。

基于"最近发展区"施教,不但明确了教学的目的,也阐述了在教学中教师与学生的关系。"最近发展区"发生在学生身上。同一年级、同一班级,各学生的"最近发展区"不尽相同。我们既要关注共性,又要关注个性,教学追求班级学生整体、充分、最大的发展。如何评定一节课堂教学的优劣? 可以用学生"最近发展区"来判断。学生"最近发展区"的大小、质量及它的后续发展又决定于教师的"教"。而且,这种教不是机械地输出,而是一种差异性十分突出的教育应用性研究,可以说任何一个成功的教学案例都有教师的创造性劳动②。在课堂教学中,注重问题设计是落实基于"最近发展区"视角的基本途径。

## 第一节　课堂教学的问题设计

教学,以学论教,那么教师就应该基于学生的"最近发展区"施教。静教院附校长期以来一直坚持课程与教学改革,在后"茶馆式"教学的实践研究过程中,推出了课堂教学的三个环节:学生先学、引导暴露、共同解疑。这要求教师必须要提升自身的命题素养,才能聚焦到课堂问题的设计与实施,真正关注到每位学生的认知规律,从学生的学出发设计问题,让学生自我构建知识,从而提高有限时间内的课堂效益。

### 一、问题的目的

问题设计的根本目的就是让学生"学会了""会学了"。新课标背景下,课堂教学要从教

---

① 张人利.课程与教学改革成就了静教院附校[J].上海课程教学研究,2018(Z1):11—15.
② 张人利.创"最近发展区"施教[J].现代教学,2008(06):51—52.

学方式的转变为切入口,研究新课标、新教材,研究学情,设计具有"探究性""启发性"的问题,激发学生主动学习,在提出问题和解决问题的过程中,培养学生质疑、解疑的能力,形成后"茶馆式"教学的课堂教学特色。

### (一) 学生先学,充分暴露学生哪些自己能学会,哪些自己学不会

"学生先学"也是要教师设计的,即如何让学生先学,它体现了教师的主导地位。"引导暴露、共同解疑"更体现了教师在课堂教学中的主导地位,反映了教师对学科的理解与把握,也反映了教师的教学能力与教学智慧。学生必须先学,因为不让学生先学,教师不知道学生哪些自己能学会,哪些自己不能学会。实践证明:学生不同,时期不同,即使同一学校、同一年级、教学同一内容,学生自己能学会的,也可能不同。因此,课堂教学的问题设计是学生学习的逻辑结构,它符合学生的学习规律;教师的主导地位又贯穿于课堂教学的全过程。

### (二) 暴露学生的相异构想,不同思维以及课堂的"闪光点"

学习过程是学生主动建构知识的过程,这种建构是他人无法代替的。暴露学生"相异构想"的目的主要是为了解决"相异构想",让学生知道错在哪里,如何改正,从而形成科学的思维方法。前面提及,"相异构想"可以作为新知的生长点,也可以作为学生自主学习的探点,还能引发学生的创造性思维,同时也是个别学生建构学习的"脚手架"。但要想真正实现以上目的,教师需要为学生搭建平台,让学生通过说说、议议、辨析等活动来剖析"相异构想",而且特别要注意让拥有"相异构想"的学生进行自我剖析,为其搭建学习的"脚手架"。

### (三) 教学评价与课堂教学融为一体,帮助学生构建知识

以前,教学评价往往在课堂教学之后,即使课堂上,教师也会提出问题,但常常是教师自问自答,偶尔有学生回答,也只是个别的,意义不大。当问题设计的目的要将评价与教学融为一体时,教师往往会预设一些问题和习题用于学生的独立学习,每个学生对自己的评价。教师会根据学生对预设问题、习题的评价结果,及时调整教学,也让教师了解学生究竟

哪些还没有学会。所有这些教师设计的问题对学生学习的评价,其目的在于帮助学生自己构建起知识与知识体系。因此,目的不同,问题的设计也大不相同。

## 二、问题的形式

学生之问,源于三者:好奇之问,疑惑之问,惊叹之问。课堂教学中的问题是为了启发学生思考,激发学生学习热情,让学生在思考问题、回答问题的过程中习得知识与能力。教师则在学生回答问题的过程中,不断对学生学习进行评价,从再生问题中调整教学的重难点,帮助学生深度学习,迁移学习,形成学习能力。问题形式除了口头表达、文字表达之外,还有图片认读、情景呈现等。

### (一) 口头式

可以由教师根据教学内容的逻辑关系或学生认识事物的一般顺序,进行问题设计,可以由学生提出问题,在教师的帮助下学生互答,也可以根据课堂生成性问题进行及时的问题跟进。这样的问题形式,既有一定的预设性,也有较大的随机性,因此,教师对学生的学情要有充分的了解,也必须自身具备一定的命题能力。

### (二) 文字式

以习题或思考题形式设计的问题,既有对课堂教学中学生先学后的评价,也是教师设计的给予学生帮助的脚手架,帮助学生在原有认知的基础,建构新的学习内容。

### (三) 图表式

教师通常以课堂教学内容为载体,设计图表式问题,帮助学生构建知识,提升能力素养。通常这样的图表实质是教学内容的"脉络",学生阅读图表、完成图表中教师设计的问题的过程就是一个自主学习的过程。这是一种教学手段,目的在于帮助学生自己先学。

## （四）情景式

创设情景的问题是为了激起学生学习的兴趣,古人云:"学起于思,思源于疑。"情景的创设,让学生的学习置身于一个具体场景中,能提高其解决真问题的能力。同时情景式的问题容易捕捉学生的注意力,激发学生的好奇心,积极主动地去完成课堂学习任务。

## 三、问题的依据

问题设计首先要依据课程标准,依据课堂教学目标,确定教学的重点;其次要依据学生的认知基础,以及原有的知识水平和生活经验,分析学生通过先学可能会出现的困难,确定教学的难点。教师需要精心设计问题,从而更好地促进学生思维品质,以及综合素养的培育。

### （一）基于教学目标

课堂教学中的问题设计不但要考虑学科和学科的逻辑结构,也就是学科教学的重点,还要考虑学生在以往学习中曾有过的缺陷,以及现在学生可能会遇到的困难,也就是难点。有人说:"学生自己能学会的都是浅层次的,只有教师讲解才是深层次的。"深与浅是相对的,而学生自己是否学会应该有客观标准,这个标准就是课堂教学目标,因此,教师预设的问题应该紧扣教学目标。教学目标往往反映了教师对教学重点的理解,也反映了教师对学生可能遇到难点的假设。教师在备课中分析出的"重点""难点",不是用于教师的课堂讲解,而是用于问题的设计。

### （二）基于学生认知

学生的认知水平发展可以分为两个阶段:第一发展水平是指"现有发展水平",即学生接受新知识前的原有认知结构,第二发展水平称为"最近发展区",是在原有的认知结构基础上最易被学生同化和顺应的认知结构。因此课堂教学中的问题设计不应停留在第一发展水平,而要定向在"最近发展区"。教师要寻找学生思维的生长点,利用现有的知识构建网络,为学生架设探索未知的桥梁。教师可以从不同角度、不同侧面、不同层次设计变式问题,引导学生分析并寻找结果。

### (三) 基于学生心理

学生在学习过程中容易产生一些思维的困惑或者理解的偏差,其主要原因是学生现有的认识水平还不能同化和顺应教学的内容,因而形成了思维障碍,造成了知识运用上的脱节现象,因此教师在设计问题时,应由浅入深,要给学生以清晰的层次感;由易到难,增强学生的自信心,激发学生的学习兴趣,促使学生积极思考;要注意调动每一个学生的学习积极性,力争让每个人都有发挥和表现的机会,做到人人参与、人人有收获。

## 四、问题的属性

课堂教学是一项十分复杂的社会活动,后"茶馆式"教学研究从偏重科学性的研究,逐步走向科学性和社会性交融的综合研究。教育的根本目的在于育人,课堂教学是学校教育的主阵地,其目的也在于育人。后"茶馆式"教学关注学生,关注课堂教学,而课堂教学是一种十分复杂的社会活动,具有科学性、艺术性和社会性这三个基本属性。

### (一) 科学性

遵循人的认知规律进行课堂教学问题设计,属于问题的科学性。教师不但要关注学科自身的科学性问题,还要关注学生年龄特征和问题设计的精准。问题以不同的学习方式展开,符合学生认知规律,具有一定的科学性。关注学科知识,基于学生认知差异的习得,是问题设计科学性的体现。

### (二) 社会性

人有社会人的本质属性,个体与群体的相互作用及关系属于课堂教学的社会基本属性。课堂问题设计要关注学生已有经历和社会的发展,如何让更多的学生积极参与讨论,如何关注弱势群体,如何学会表达、倾听、归纳、提炼,如何尊重不同意见,都是从社会性层面在考虑问题的设计。

### (三) 艺术性

能引起人们感官愉悦、感动、震撼的事物可称为艺术,课堂教学除了科学性和社会性之外,还有艺术之基本属性关注设问的技巧。教师的教学艺术往往表现为讲解、表达的艺术。因此,问题设计不仅要关注不同学生的艺术性、参与讨论方式的艺术性,还有教师发表自己观点的艺术性。

课堂教学的三个基本属性是有关联的。课堂教学的不同组织方式,将会产生不同的社会性和艺术性问题。科学性的本质在于求真,社会性的本质在于求善,艺术性的本质在于求美。当教师在不断提高课堂教学的科学性和社会性的同时,课堂教学的艺术性也可能会提高。可以说,课堂教学的效能是教学的科学性、社会性和艺术性共同作用的结果。即使其中的两个属性基本不变,一个属性突出,课堂教学的效能也会提高。课堂教学三个属性中,由于艺术性个性特征强,很难得出艺术性的公共特征,因此课堂教学的科学性与社会性具有普适意义,也更值得研究。

问题,不仅让学生"独立学习"有方向,也为"合作学习"指明了路径。围绕一个相对思维水平较高的问题,学生在组内发表各自的看法,并在交流中反思,使自己的见解更丰富、更全面,最后形成正确的价值判断。此时,学生之间的差异,就成了弥足珍贵的教学资源。一些学生心求通而未得、口欲言而不能,小组讨论、合作后,豁然开朗。而教师设计的问题,使讨论不断聚焦、归正。

总之,善设问题,巧设问题,将问题整合到教学过程中,以教材内容引领学生的学,为学生创设良好的自主学习情境,引导学生在实践中学会学习。问题设计,直接影响到学生学习品质、学习潜能的挖掘以及高尚的道德情操和健康审美情趣的培养。课内外的各项学习任务都有力地促进学生持续发展,这也是教师应该孜孜以求的目标。

## 第二节　课堂教学的问题组合设计

2001 年颁布的《基础教育课程改革纲要(试行)》中,要求"教师在教学过程中应与学生积极互动、共同发展,要处理好传授知识与培养能力的关系,注重培养学生的独立性和自主性,引导学生质疑、调查、探究,在实践中学习,促进学生在教师指导下主动地、富有个性地学习。教师要创设能引导学生主动参与的教育环境,激发学生的学习积极性,培养学生掌握和运用知识的态度和能力,使每个学生都能得到充分的发展。"①

教师在教学设计中将问题加以组合,形成"问题群""问题链""问题矩阵"结构化意识,搭建好"脚手架",精准提问,以此提高课堂教学效益。教师如何设计问题了解学生先学的情况,通过问题暴露出学生的相异构想是非常重要的教学技能。"问题群""问题链""问题矩阵"的设计,需要依据学生的认知规律以及课堂教学目标,它能帮助教师在教学设计中以问题组合的形式有效搭建课堂教学"脚手架",从而真正提高课堂教学效益。

## 一、问题组合的形式

问题组合包括三种形式:问题链(问题纵向关联)、问题群(问题横向组合)、问题矩阵(问题的综合结构)。**问题组合**不是教师提几个问题加上学生的回答,而是师生双方围绕环环相扣或紧紧相关的问题情境,进行多元的、多角度的、多层次的探索和发现,是师生交互作用,是设疑、释疑的动态发展过程,是教师引导学生自己进行知识回忆与知识建构,并与学生共同完成对知识的探索的过程,以达到发展学生独立思考与创造性思维能力的目的。

### (一) 问题链

问题链是教师为了实现课堂教学目标,根据学生已有知识或经验,针对学生学习过程中容易产生或可能产生的困惑,将教材知识转换成层次鲜明、具有系统性的 ·连串的问题。② 通常第一个问题是第二个问题的前提,第二个问题是第三个问题的铺垫和阶梯,依次顺延下去,环环相扣,便形成了一条问题链。它们是一组有中心、有序列、相对独立而又相互关联的问题。问题链的设计让教师的教学目标更加清晰,教学流程更加流畅,教学环节更加有逻辑性,教学过程更加紧凑,减少了以往课堂上的很多无效提问及无效教学任务。

---

① 樊曦.初中语文自主学习的有效性研究[J].上海师范大学学报(基础教育版),2009,38(06):125—128.

② 关帅.问题链在羽毛球线上线下混合式教学中的应用[J].体育风尚,2021(11):127—129.

**案例 2 - 1：**

### 六年级语文"竹节人"一课的问题链

| 问题链 | 设计意图 |
| --- | --- |
| 1. 竹节人怎么做？ | 了解竹节人的制作及特点，感受其威武和作者的自豪。 |
| 2. 竹节人怎么玩？ | 了解竹节人的玩法和乐趣。 |
| 3. 玩竹节人发生了哪些趣事？ | 感受竹节人给作者童年生活带来的欢乐、满足以及得到老师青睐的自豪感。 |

　　静教院附校的李英娥老师依据本课的教学目标，设计了贯穿整堂课的三个问题，让学生概括课文故事情节，品读课文中的精彩语句，思考这三个层层递进，环环相扣的问题看似简单，却能让学生了解竹节人的制作以及竹节人对作者儿时生活一种影响。

### (二) 问题群

　　问题群是在一组问题链的引领之下，为了在先学环节时，帮助学生自己学会，也为了在先学环节之后，用于评价学生学习的结果而设置的一组问题，通常由三四个问题组成一个问题群。它可以是基于学习内容的整体性设计的一组串联的问题，也可以是基于不同学生的认知设计的一组并联的问题。通过一组问题的思考与回答，帮助学生自我知识的构建，也帮助教师对下一个环节的教学进行调整。

　　1. 串联递进式问题群

　　串联递进式问题群中的问题以串联形态呈现，各个子问题之间呈现逐步递进的纵向深入关系，使学生在多个子问题的分步探究中逐渐逼近核心主问题，最终形成对学习内容的完整理解与构建。

**案例 2 - 2：**

### 九年级道法"实现现代化关键在科技"一课中问题群

| 问题群 | 设计意图 |
| --- | --- |
| 1. 21世纪中叶，我国要实现的社会主义现代化是哪四个现代化？<br>2. 现代工业、农业和现代国防具有什么特点？<br>3. 构成生产活动的要素有哪些？<br>4. 科技是如何通过这些要素影响生产活动的？ | 引导学生带着问题先学教学内容，边阅读，边理解。通过思考与解答问题群中一个个层层递进的问题进行自主学习。 |

静教院附校陶蜀琴老师在《实现现代化关键在科技》一课的先学环节,设计了四个问题,指导学生阅读课本内容并提取自己需要的信息。通过阅读,学生对本课学习内容进行提取、分析、归纳,并回答这四个问题。问题群中的四个问题串联起来就是对本节课学习内容的整体理解,问题的回答也是对学生先学环节的评价,暴露出学生哪些能自己学会,哪些有不同的理解和想法,需要教师的进一步帮助,师生共同解疑。

2. 多维并列式问题群

多维并列式问题群中的问题由核心主问题出发,分解为若干个并列维度,分别指向主问题的某一侧面,学生在子问题的逐个解决中实现对核心问题的深度理解,形成全面的结构化认知。

案例 2-3:

### 六年级语文《李白诗二首》之《月下独酌》中一组问题群

| 问题群 | 设计意图 |
| --- | --- |
| 1. 你从诗题中读出什么信息?<br>2. 再读诗题,你能否读出作者的情感?<br>3. 那诗人是不是在凄凉寂寥的环境中喝酒? | 1. 通过此问学生会翻译出诗题大意——李白独自一个人在月下喝酒,把握主要事件(活动)和环境。<br>2. 抓住"独"理解诗人是孤独寂寞的。<br>3. 引发学生深入阅读诗歌内容。 |

静教院附校俞青青老师的核心主问题是从诗歌的字里行间,你读到了一个怎样的李白。围绕这个主问题,基于学生的认知差异,老师设计了三个并列问题组成的问题群,帮助学生通过对问题群中某一个符合自己认知基础的问题的思考,品读出诗中李白的形象。

杜威认为,培养优良的思维习惯和思维能力,要力倡"反省思维"理念,这种思维乃是对某个问题进行反复的、严肃的、持续不断的深思。① 因此,拾阶而上的问题群,不仅能让学生学会由表及里地探寻问题本质,还能兼顾不同层次的学生需求,能有效地提高学生的自主学习能力。

---

① 郝国强.基于行动学习的教师反省思维培养策略研究[J].中国教师,2022(02):82—86.

## (三) 问题矩阵

问题矩阵的内在逻辑关系,表面为"一题",实为"一个专题",它是把某一知识内容按思维深度分解成若干个小的知识点,再把这些知识点置于一定的问题情境中,然后提出与小知识点对应的问题,并以成串的方式呈现,由简单到复杂,从熟悉到陌生,层层递进,体现出科学的探究特点。学生在这些问题的解决过程中逐渐达成对知识点的深入全面的理解和运用,并经历科学方法的锻炼,从理解到掌握再运用。

**案例 2-4:**

### 四年级数学"角的度量"一课的问题矩阵

| 问题链 | 问题群 | 设计意图 |
| --- | --- | --- |
| 回顾线段和角的相关知识 | 1. 测量线段长度的单位有哪些?<br>2. 这些单位的图形都是什么?<br>3. 使用什么工具?怎样测量?<br>4. 角是怎么形成的? | 复习线段的度量单位和方法,由线段的度量引发学生对角的度量的思考,使学生形成类比思维,并引出课题。 |
| 角的计量单位及其规定是什么?<br>常见的角及其大小关系是怎样的? | 1. 角的计量单位是什么?它是怎样规定的?<br>2. 你认识了哪些角?它们之间有怎样的大小关系? | 这一组问题针对第一个教学目标,帮助学生解决角的度量单位及其规定这一问题,并认识几个常见的角。用一组问题引导学生学会阅读教材进行自学,注重知识之间的关联性,指出学生学习的重点。 |
| | 3. 练一练:<br>(1) 钟面上,什么时间,时针和分针成直角? A. 3:00　B. 12:00　C. 4:00　D. 9:30<br>(2) 钟面上,什么时间,时针和分针成平角? A. 9:00　B. 12:00　C. 6:00　D. 7:30<br>(3) 钟面上,什么时间,时针和分针成钝角? A. 1:00　B. 10:00　C. 6:10　D. 7:30 | 通过想象生活中的角,以及一组练习帮助学生建立角的表象,在知道这些常见的角的基础上加以应用。 |
| 用什么工具量角?怎样量角? | 1. 量角的工具是什么?它由哪些部分构成?<br>2. 怎样量角? | 这一组问题针对第二个教学目标,学习了角的度量单位后,指导学生阅读教材解决如何量角的问题。通过学生量角的示范,对应教材中的操作说明,进一步指导学生学会阅读教材。 |

续 表

| 问题链 | 问题群 | 设计意图 |
|---|---|---|
| | 3. 做一做:量出下图中各个角的度数 | 在操作中学习使用量角器的方法。本组练习中设计了三个不同的角,充分暴露学生的相异构想。∠1和∠2暴露学生读数时读内圈还是外圈的问题,∠3暴露学生是否能旋转量角器进行测量。这一环节发挥互动优势,学生教学生,相互启发,解答疑问,初步解决测量过程中的一些常见问题,获得使用量角器的方法。 |
| 自主研究 | 大于180°小于360°的角叫作什么角? 想一想∠4怎么测量? ∠4=_____ | 分层练习,巩固提升:(1)学生可以通过网络搜索知道大于180°小于360°的角叫作优角;(2)测量∠4的方法有两种,可以是360°−100°=260°,也可以是180°+80°=260°,学生可用不同的方法完成这一练习。 |

  静教院附校朱晓晨老师设计的"角的度量"的问题组合,为我们展现了一种问题矩阵的形式,第一组问题帮助学生复习线段的度量方法后自然引出角的度量;第二组问题链和问题群的组合设计基于第一个教学目标,解决了角的单位及其规定、几个常见角的大小这些问题;第三组问题链和问题群的组合计基于第二个教学目标,主要解决用什么工具怎样量角;最后一个问题是对本节课内容的延伸,为学生进一步自主学习提供资源。这样的问题矩阵以问题链为主线,将不同的问题布局在不同的问题群中,既考虑学生的不同基础,又考虑问题的形式,既考虑学生能力的发展,又考虑教学目标的达成。

  问题矩阵的呈现,不是无序排列,而是以提出问题并组织成问题群为基础,以解决问题为中心,通过发现问题、生成问题、分析问题、解决问题等步骤去实现目标①。前一问的解决为下一问的产生提供了前提与基础,后一问的产生又深化了对前一问的理解,问题之间相

---

① 郝国强. 基于行动学习的教师反省思维培养策略研究[J]. 中国教师,2022(02):82—86.

互衔接,环节间紧密相扣。

## 二、问题组合的功能

问题组合有利于班级授课制下的个别化教学,学生视自身的不同需要,可以选择性地对某问题加以关注。这有利于教师把握学科的内部结构,帮助不同学生(不同学业基础,不同学习经历)自主学习。"问题群""问题链""问题矩阵"的本质是后"茶馆式"教学手段"脚手架"的一种主要形式,作用在于帮助学生"跳跃",帮助学生自己建构知识和知识体系,帮助学生发现问题,提出问题。

### (一) 有利于班级授课制下的个性化教学

班级授课制下,学生在独立学习或合作学习中可以视自身的不同需要,选择问题群中的某个问题加以关注。每位学生所关注的、认识的、疑惑的、学会的都不相同,自然,独立学习后,一定有学生学会,有学生没有学会;有学生这方面学会,有学生那方面学会;有学生自己认为学会,实际上没有学会。当教师关注到了学生之间学习基础不同,认知规律不同,学生独立学习后的结果不同时,再利用合作学习的"非同步"教学方式,可在班级授课制下帮助更多学生。合作学习方式下,课堂问题组合的问题群设计更关注学生个体差异,更具有选择性,能帮助学生选择问题链中适合自己思维发展的问题进行思考,以达到学生自我构建知识的目的。这样的课堂教学问题组合的设计,更加适合学生个性化发展,使学生既有独立思考的时间,又有自主选择、合作探究的空间。

### (二) 有利于把握学科的内部结构

静教院附校的后"茶馆式"教学的课堂教学逻辑结构发生变化,教师不是以自己以往认为的学科逻辑结构进行讲解,而是在探索学生认知逻辑结构的过程中,把握各学科不同的内部结构,在对教材内容进行研究分析后,确定一节课的教学内容以及重点;需要对学生的两次学情分析,确定教学的难点,从而制定出教学目标。而问题链的设计一定是基于教学目标展开的,它具有一定的学科逻辑结构以及以学生为主体的逻辑结构,问题群的设计则是根据问题链的引导,基于学科教学内容的特点,反映出课堂教学中学科内部结构。

## （三）帮助不同基础的学生自主学习

我们认为教师在日常课堂教学中的问题设计也是教师命题素养研究的重要内容，基于静教院附校推行的后"茶馆式"课堂教学实践的实际，教师需要特别关注两个课堂教学的关键干预因素，即关注学生自己能学会的；关注"相异构想"的发现与解决。前者是从教学论的角度阐释了"学生怎样学，教师怎样教"。后者是从认识论的角度阐释了"学生怎样才算真正学会"。"问题群""问题链""问题矩阵"的本质是为课堂教学搭建"脚手架"的一种主要形式，作用在于帮助学生"跳跃"，帮助不同学业基础，具有不同学习经历的学生自己建构学科和学科体系，帮助学生自主发现问题，提出问题。

## （四）提高独立学习和合作学习的效能

教师如何知道学生哪些学会，哪些没有学会，如何才能让学生暴露与解决问题，这就需要教师将课堂教学与教学评价融为一体，在课堂教学中聚焦问题的设计与实施。在班级授课制下，要想在有限的课堂教学的时间内，以速度快，判断准的方法帮助学生自己学会，唯有让学生带着问题进行独立学习；在班级授课制下，要想关注到每一位学生的学习，并将学生的差异用作学习的资源，唯有通过合作学习才能在有限的时间内基本解决课堂上学生产生的不同问题。问题的组合设计，在相同的时间内，学生的选择性增加，从而提高了学生学习的效能。

课堂教学要从教师讲过了、学生学过了，变成学生能在一系列有设计的问题组合的帮助下自己会学，能清楚地明白自己哪里不懂，并能清晰地表达出来，还能对习以为常的问题提出自己的质疑。因此，聚焦课堂教学中的问题及问题组合的研究对于提升教师命题素养就显得尤为重要。

## 三、问题组合的依据

教师在课堂教学中可以依据内容维度、方法维度、思维维度、时间维度、空间维度等多维度，结合学科教学的内容设计问题，在日常的教学中审视自己提出问题的能力，提升教师的课堂提问能力。

　　学生在设问和释问的过程中能萌生自主学习的动机和欲望,进而逐渐养成自主学习的习惯,并在实践中不断优化自主学习的方法,提高自主学习能力。问题教学法充分体现了学生的主体地位,能有效地激发学生自主学习的主动性和积极性,也让学生对知识的获得与学能的提升更有成就感。①

### (一) 内容维度

　　问题组合可以以教学内容为主线,以教学目标作为问题链设计的依据,根据课堂教学内容的结构作为问题链和问题群设计的纽带。学生在教师这样的问题引领下,思考—议—再思考—再议,有独立思考,也有小组讨论,有思维碰撞,也有思维借鉴。教学内容是引领学生思考的主线。静教院附校盛丽芬老师的一节地理课结合一幅空白的澳大利亚地图设计问题群,学生可以根据文字信息填注地理事物名称,画图例,也可以在地图上进一步补充他们所知道的澳大利亚的地理信息,从而构建起他们脑中的澳大利亚地图。

### (二) 方法维度

　　课堂教学的问题组合设计可以依据不同的教学方法。传统的接受性学习,通常教学方法比较单一,而静教院附校后"茶馆式"教学根据不同学科、不同年级、不同课型以及不同教学内容,教学方法更加灵活,基于"问题"的"读读、议议、讲讲、练练"带来了教学方法的改变。例如,静教院附校初中语文陈美老师在语文阅读课教学中,把"读读、议议、练练、讲讲"看成一种学生学习的形式或状态,设计了以初中阅读课的教学方法为主线的问题组合。(见下表)

| 问题链 | 基本解释 | 教学方法 |
| --- | --- | --- |
| 1. 导一导,激文趣。<br>2. 读一读,知文意。<br>3. 品一品,悟文旨。<br>4. 议一议,明文脉。<br>5. 展一展,增文气。<br>6. 练一练,赏文韵。 | 1. 标题导思,激发兴趣。<br>2. 初读课文,整体感知。<br>3. 再读课文,感悟主旨。<br>4. 研读课文,把握文脉。<br>5. 拓展链接,加深理解。<br>6. 实践体验,学以致用。 | "一线串珠"法<br>"选点突破"法<br>"多式反复"法<br>"穿插引入"法<br>"综合活动"法 |

① 阳光. 高中化学"问题教学"模式的构建和实践[J]. 新课程学习(中),2012(06):38—39.

## （三）时间维度

以课堂教学的不同阶段为时间顺序进行问题组合设计，学生可以通过完成教师设计的不同阶段的学习任务，在教师、同伴的互助下，经历从知识的感知到领悟，最后到自我习得的过程。

例如，静教院附校美术朱敏老师设计了一节绘画课，她以"学生先画—共同辨画—扶正再画"三个阶段，推进课堂教学。学生先画：运用学生先学最大化策略，给出要求，让学生自己动手先学。目的是充分暴露学生掌握某一绘画技能的"相异构想"。"先画"的时间，可以在当堂课内，也可以是前一次课结束前的几分钟。共同辨画：教师收集学生先画的作品，从技能目标角度分析学生出现的各种现象，以及背后的原因，梳理问题主次，形成分析框架。课堂上教师展示不同问题的画作，提供给学生讨论和分析，共同辨画解疑。扶正再画：辨画解疑后，学生明确了绘画知识和相关技能，解决了出现的疑问和问题，再给学生充分的时间修改自己的作业，在绘画实践中体验技能和方法[①]，然后学生进入美术创作，牢固技能，完善作品。

## （四）空间维度

问题组合可以运用在课堂教学的不同空间，问题链和问题群的设计都基于课堂教学目标，基于学生的基础，基于学生先学后的差异，学生的相异构想充分暴露，在小组、大组的学习，学生相互答疑解惑。例如，静教院附校小学数学陈琪老师的一节图形认识课，她以"基于生活试一试，暴露问题议一议，厘清概念练一练"三个空间，给予学生对图形认识一定的帮助。具体内容如下。

1. 基于生活试一试

生活中学生有很多机会接触图形，画画、剪剪、拼拼动手操作又是小学生喜欢的游戏。因此，认识图形的第一个环节就是让学生从生活经验出发，再次观察几何图形，或者通过操作深入了解图形特征。这样，学生已有的经验被调动，问题、困惑有了暴露的机会。[②]　课堂

① 朱敏.初中美术绘画技能课教学方法[J].现代教学,2014(23):46—47.
② 陈琪.小学数学图形认识课的教学方法[J].现代教学,2014(21):45—46.

上,一般可以让学生独立试,也可以小组合作一起试。时段上,可以在课开始时就试,也可以看了教材再试。有时,可以边看书边试。

2. 暴露问题议一议

第一环节的活动,明确了学习内容,也暴露出学生的问题,学生的情绪处于获取"真相"的状态。不同学生出现的不同的认识和问题,成为对话的依据和资源。教师也在第一环节活动中发现了一些问题,此时组织学生议一议,学生有话可说,有话想说。一般,先小组议,再全班一起对话。也可以讨论一次,或者多次,视课堂中学生的具体情况设置。教师要特别关注课堂中出现的生成性问题,以教学目标为依据选择对话讨论,从而达成教学目标。

3. 理清概念练一练

学生对概念进行了深入的讨论,但仍然存在相异构想,如果运用这些概念解决问题还会暴露新的问题。教师设计有关几何图形概念和性质的变式题,让学生应用已经获得的结论解决,加深理解,厘清概念,提升方法。① 解题后可以小组或全班交流,相互补充,这样不仅能纠错,而且还能寻找出错误的原因,使尽可能多的学生真正理解和掌握。

实践证明,将问题组合起来呈现有利于提升学生的思维质量。如果将问题一个一个抛给学生,教师无形中就把教学内容分割成了碎片,不利于学生对学习内容的整体把握。本节课将每一个教学环节中的问题整体呈现给学生,学生就更容易把握这些问题的内在联系,对学习内容有了整体的把握。在此基础上,学生有了自我反思的空间,感知到哪些问题自己能够快速地理解和掌握,对哪些问题自己可能存在困惑,从而能更有针对性地学习。

## 第三节　问题组合设计的教学案例

静教院附校从典型课堂教学案例中提炼出后"茶馆式"教学的操作体系,包括两个教学基本特征:学生自己能学会的教师不讲(教学论的阐释),关注"相异构想"的发现与解决(认识论的阐论),四种教学方式:以组织方式来分,可以分为独立学习和合作学习,以认知方式来分可以分为"书中学"和"做中学",形成了课堂教学与教学评价融一体策略、学生先解疑,教师后解疑策略等8项教学策略,教学手段:"脚手架"创设——具有后"茶馆式"教学特征

---

① 李欣欣.基于经历知识形成过程的"图形认识"教学的行动研究[D].扬州大学,2018.

的特定手段。① 问题组合的课堂教学案例也从不同学科、不同教学内容、不同年级等呈现了问题设计的科学性、社会性和艺术性,教师命题素养也在教学设计的完善中不断得以提升。

## 一、问题组合案例呈现

### （一）课堂问题组合在单一学科中的实践

静教院附校以"课堂问题组合设计"为主题展开了多次校本研修活动,邀请专家开展关于课堂问题组合的专题讲座,帮助教师们剖析命题素养与问题组合研究之间的关联,分享教育同行们的研究探索。在此基础上,文理教研组结合课堂的实践,设计了文科和理科两个课堂问题组合的参考样例。各教研组深度研读问题组合的设计样例,形成学校教师认同的问题组合设计的基本要素:学科、年级、主题、目标、问题组合、问题设计的说明等。首先教师们开展了课堂问题组合在单一学科中的实践研究,大家在日常的课堂教学中不断推敲课堂的设问,极大地提高了课堂的效益,积累了丰富多样的教学实践案例,教师的命题素养在日常课堂的教学中慢慢积淀。

**案例 2 - 5:**

#### The funny side of police work (more practice)

静教院附校　　戴晨昊

**问题设计的依据**

1. 内容分析

本课是牛津教材 8A Unit 3 的 More Practice 部分,课文通过 Detective Smith 介绍警方办案中遇到的三则"有趣"案件,来体现警察工作的另一面。作为泛读篇目,本文生词较多,大部分生词在 Pad 教学上,都标注了浅显易懂的英语解释。由于文本阅读量和信息量较为丰富,因此本课阅读结合信息技术若干功能,着力在阅读理解中设计关键信息圈划,案例对比分析及小标题归纳等环节培养学生的思维能力,使学生在字里行间中体会其中的趣味。

---

① 张人利.课程与教学改革成就了静教院附校[J].上海课程教学研究,2018(Z1):11—15.

2. 学情分析

本文篇幅略长,且生词较多,学生大多可以通过 Pad 教学中所提供的生词英语解释,了解词义。但由于学生受限于知识及生活背景,对于 smuggle, customs, refund 三个词相对陌生,因此在学生阅读文本后,教师设计了后续词汇检测,并加入相关混淆项及图示帮助学生进一步理解。同时学生对于课题中 funny 的词义容易一味偏向于"有趣"这一含义,而忽略作者真正希望读者体会的是"奇怪,不同寻常"的案件,所以指导学生通过对文本关键句圈画,在普通抢劫案与课文的对比中寻找不同,并让学生自行归纳小标题来进一步体会标题"funny"另一层含义。

3. 教学目标

1) Understand and learn some new words in the context: *customs*, *smuggle*, *refund*.

2) Develop the reading skill, including scanning and detailed reading.

3) Conclude the tips and learn to name the subtitles properly.

4) Realize the importance of policemen and know more about police work.

4. 重点难点

Teaching focus:

1) Improve the reading skill and understand the text.

2) Try to understand the meaning of "funny" in the context.

**问题组合的呈现**

| 问题链 | 问题群 | | 设计意图 |
|---|---|---|---|
| What do you think of police work? | 1. Why did Paul's father call the police instead of fighting with thieves? | 1. Review text and know the importance of police work. | 了解学生对警察工作的描述及印象,从而引入本课主题,了解警察工作的另一面"funny"。 |
| | 2. How will the police work be in Detective's stories? | 2. Read the introduction and know the topic | |
| 1. Make comparison of the usual thief and the one in Story A? | 1. Match the right kinds of different cases. (theft, robbery and smuggling) | 1. Get a general idea of the text. | 对三则小故事有大致了解,并能将不同案件类型归类,配对。 |

| 问题链 | 问题群 | 设计意图 | |
| --- | --- | --- | --- |
| 2. How to name a better subtitle? | 2. Was he a real thief in Story A? | 2. Develop the reading skill by scanning. | 培养学生在阅读的字里行间中找出相关句子、词组，甚至是标点来佐证自我的观点。 |
| | 3. Choose the best subtitle for Story A and conclude principles of best subtitle. | 3. Know how to name a subtitle | 学生能在比较选择中总结出相关取标题的依据和标准。 |
| 1. Make comparison of usual cases of robbery and smuggling with the ones in Story B&C. 2. How do you understand "funny" in this passage? | 1. Find out the differences of two bank robberies by circling and take notes on Pad. | 1. To understand the information of Story B and check the understanding of the new words. | 从课文文本与常规抢劫案的图片对比中，学生找出罪犯作案中强烈的反差。 |
| | 2. Finish the quiz of words and better understand the words: smuggle, customs. What do the police usually find from the smugglers'? | 2. To check the understanding of the new words. | 帮助学生结合背景知识等，了解以往警察在走私犯处截获的物品，从而与 Story C 中截获的珍稀鸟禽作对比。 |
| | 3. Understand the text and practice how to name the titles, and share the ideas on Pad. | 3. Name the subtitles for Story B&C and share the ideas on BBS of Pad | 学生在学习如何取标题及在以上 2 个故事理解及环节处理后，学生学习自主给故事取小标题。 |
| | 4. What does "funny" mean in the title of the passage? | 4. Understand the word of "funny" in the title | 在阅读这三则小故事后，学生重新理解"funny"一词在本课中的含义。 |

**问题效果的反思**

1. 问题链的纵向设计，自始至终围绕本课重难点以达成教学目标

问题链的设计主要基于本课教学目标和教学重难点，始终围绕标题中"funny"一词作文章，"funny"一词对于学生来说并不陌生，但学生的理解较为单一，容易从"make sb laugh"的词义入手，去理解本课中三则警察对案件的处理，但本课中作者更想突出"funny"另一词义，即"unusual, strange"的一面。如何帮助学生从文本内容感知，自然过渡得到"funny"的另一词义，需要在各环节的问题下工夫。Pre-task 中，学生有了关于警察工作的初步印象，通过三则故事的阅读，了解这些案件与以往常规案件的强烈对比及反差。之后学生通过自我理解，以及取标题的形式来高度概括他们的想法，最后通过词典上"funny"的注释，找到最合适的注解，从而自然习得这看似有些难以完成的任务。

2. 问题群的横向设计，由简入难帮助学生循序渐进地展开学习

在帮助学生如何取标题这一环节上，我们做了很多的尝试。教学中确实有学生在阅读课文后，能尝试取出很出彩的标题，但多数同学缺乏章法，如何取小标题，小标题如何才能更夺人眼球，需要教师在一步步循循善诱中，让学生在实践中习得。教师通过精心设计的 4 个小标题，让学生选择自己认为最佳的小标题入手，明晰舍弃其他小标题的原因。学生通过讨论补充，形成了较为完整的取标题思路：应体现本段问题主要大意；词组比句子更合适；若是读来有趣显然更好。学生在选择、总结归纳等环节后，给其他两则故事取标题，心中会更有底气，在 BBS 互动平台上学生间互评也更有依据。

**案例 2-6：**

### 海绵球掷远

静教院附校　金爱华

**问题设计的依据**

1. 内容分析

海绵球掷远是低年级投掷内容之一，这是一项以力量为基础，以动作速度为核心的投掷项目。投掷成绩受投掷的出手速度、出手角度及出手高度这三个因素的影响，其中出手初速度是最重要的因素。[①]

---

[①] 张跃宗.合理运用游戏提高实心球教学效果——以双手头上前掷实心球为例[J]. 田径,2021(10):21—23.

海绵球掷远共设计四个课时,本课是第二课时。教师借用贴近学生生活,学生爱玩、乐玩的勺子球代替海绵球开展教学,寓教于乐,让学生在活动过程中体验体育的乐趣,帮助学生解决投掷的出手速度等问题,提高学生的投掷成绩。

2.学情分析

二年级的孩子好动、观察能力强、思维也比较开阔,喜欢新颖的、有一定难度的活动。他们有一定的投掷能力,已经学会了海绵球掷远的动作方法,但出手速度、出手角度还不够理想。

这个阶段的教学可以采用探究、合作、竞争等学习方式开展,这对于培养孩子自信心以及同伴之间的合作交往能力等都有很大帮助,同时也能更有效地提高学生的学习能力。

采用抛接器练习投掷动作后,大部分学生的出手速度、出手角度会有所改善,但仍不稳定,会受海绵球放置位置、出手速度及出手角度的影响。此外,学生对海绵球飞行方向的控制方面也需得到重视。

3.教学目标

1)知道投掷受投掷角度、投掷速度等因素影响,感受活动的美好与快乐。

2)学会多种不同的抛接器活动方法,体验肩上快速投掷海绵球动作。

3)能在活动中遵守规则,获得公平竞争带来的快乐情绪。

4)关爱他人,合作互助,安全、友好地与同伴进行学练活动。

4.重点难点:快速挥臂

教学难点:出手时机

**问题组合的呈现**

| 问题链 | 问题群 | 设计意图 |
| --- | --- | --- |
| 勺子球怎么玩? | 1. 勺子球有哪些玩法,你能试着和勺子球做做游戏吗?<br>2. 除了一个人的游戏,你能和伙伴一起玩勺子球的游戏吗? | 熟悉器材的同时,引发学生思考勺子球的多种活动方法。<br>引出教学内容,引导学生合作进行抛接球。 |
| 如何用勺子球提高投掷能力? | 1. 利用勺子球进行投掷练习时,从动作方法和要点出发你要注意哪些问题,才能将球掷得更远?<br>2. 快速挥臂能否改变投掷距离?<br>3. 为什么有些同学虽然挥臂的速度很快,但还是掷不远呢? | 以问题为导向,引导学生边活动边思考,在活动中体会动作,并通过展示总结出利用勺子球进行投掷活动时需要关注的抛接要点,从而建立正确的动作概念。<br>在明确抛接要点、练习基本方法的情况下,让学生通过实践得出结论,知道快速挥臂在投掷练习中的重要性。 |

　　　　上海市静安区教育学院附属学校的实践研究

续　表

| 问题链 | 问题群 | 设计意图 |
|---|---|---|
| 如何将抛接与生活实际相结合? | 在面对面的抛接游戏中,如何让你的同伴顺利接球? | 利用游戏帮助学生进一步掌握动作技能:1.知道在掷远活动中除了掷得远外,还要注意投掷的方向,控制好球的落点。2.知道在面对来球时要准确判断球的落点,快速移动步伐,顺利接球。3.在日常生活中,能冷静对待意外来物,知道处理方法。 |

**问题效果的反思**

1. 从活动器材出发设计问题,将教学与娱乐相结合

众所周知,玩是孩子的天性,尤其是低年级的孩子,颜色鲜艳,结构奇特的器材总能吸引他们的学习兴趣,激发他们的活动欲望。勺子球的多种不同玩法满足了不同学生的活动需求,关注了学生的个性化学习体验。勺子球怎么玩这一环节中,学生所展现出来的多种活动方法新颖而奇特,也出乎教师的想象。如何将球掷得更远这一环节中,学生的竞争欲被充分调动,不断向着更远的目标而努力。问题的设计充分调动了学生学习的积极性和学习潜能,让他们感受到活动的乐趣。

2. 从教学重点出发设计问题,将教学与目标达成相结合

本课从教学重点出发设计问题,以“导”为切入口,导之以趣,导之以思,导之以情。在“从动作方法和要点出发你要注意哪些问题,才能将球掷得更远?”这一环节中,教师面对学生反馈出的不同问题,根据教学重点,抓住主要问题进行设疑,进一步追问学生:“快速挥臂能否改变投掷距离?”引导学生在活动中思考、解答。面对部分学生的质疑,教师又让学生思考“为什么有些同学虽然挥臂的速度很快,但还是掷不远呢?”在一连串的追问过程中帮助学生建立正确的动作概念,达到预期的教学效果。

3. 从学生差异出发设计问题,将教学与对话相结合

教学不应是教师向学生单向的灌输,而是学生与自己、学生与学生、学生与教师等的互动、对话。课中,教师有针对、有计划、有组织地设计问题,组织学生针对问题开展独立学习与合作教学,并通过教师及同伴的“示范对话”,还有同伴之间的“合作对话”“竞赛对话”“评价对话”等解决问题。满足不同学生个性发展的需求,激发每一位学生的学习积极性,帮助他们构建自己的动作技能,优化学习过程,使每一位学生都能在自己原有的基础上有所收

获和发展。

学生投掷成绩受出手速度、出手角度、出手高度等多方面影响,但对于低年级学生而言,这些名词有些难懂。通过问题的形式引导学生自己思考,再针对问题开展对话,最后在体验、对话后总结出答案,更符合孩子的年龄和心理特征,也更贴近不同孩子的需求。

### (二) 课堂问题组合在跨学科项目学习中的实践

顺应上海新中考改革的新政要求,课题组开展了跨学科项目学习的命题研究,建构起一门融基础型、拓展型和探究型课程为一体的趣谱课程(TRIP)。以信息科技课程、劳动技术课程为主干,统整社会、道法、物理、化学、生命科学、地理等学科,以项目(主题)学习为线索进行跨学科统整,即知识内容从单一学科的系统学习到跨学科的主题重构,且以探究、实践、多样化活动学习的教学方式展开教学。这种新的课程样态,引发了教师对跨学科、项目化学习的命题研究,在跨学科的项目学习中教师们也在不断思考此类课堂中如何开展问题组合设计,聚焦学生关键能力的培育,以及教师命题素养的提升。

**案例 2 - 7:**

**姓氏文化的探究**

静教院附校　　王连方

**问题设计的依据**

1. 内容分析

本课是中学六年级趣谱课"姓氏文化探究"第三阶段"交流展示,项目反思"的第 1 课,利用 PPT 录制作品视频需要 2 课时,本节课为第 1 课时。项目的第一阶段,学生确定主题并规划作品;第二阶段,收集信息、筛选信息并处理信息,最终完成了作品的制作。第三阶段的交流展示可以有多种形式,如按小组上台交流各自作品,将作品挂在公共网页上学生下载浏览、抽取部分小组展示。然而,由于项目活动时间紧凑,所有小组上台交流耗时耗力,且只靠图文展示不能完全表达自己的想法,因此教师提供了利用 PPT 录制作品视频然后上传到公共平台展示的方案。这样学生不仅可以将自己的作品录制下来,还可以配上自己的解说,让观众更加清晰地了解作品的设计意图。由于大部分学生从未用过 PPT 录制视频的功能,因此本节课重点是技术的学习,另外能够将自己作品的内容在有限的时间里有选择地录制给观众则是本课的难点。

2. 学情分析

大部分学生对于 PPT 录制视频功能一无所知,主要原因是小学阶段使用 office2003 比较多,学生家用电脑基本还停留在 2007 或 2010 版本,对于 2013 版本的新功能使用有限。另外,学生对于自己交流展示的内容还停留在只要将自己做的内容朗读一遍即可,没有综合考虑作品的时间长短、观众的阅读兴趣等因素,因此这也是本节课的难点。

经过 PPT 录制视频技术的自主学习及操作尝试,大部分同学能够了解录制视频的方法,但是对于如何有选择地录制内容还需要教师进一步引导,例如录制作品的哪些内容,为什么录制这些内容及怎样才能更顺利地完成录制。学生可能会遇到的操作技能问题,比如耳机的正确使用,录制音频的软件的正确使用,录制的先后顺序问题,录制过程中一个页面有多个录音怎么解决等。由于学生的差异比较大,合作学习过程中有的问题能解决,有的问题无法解决,需要教师帮助学生理解建构。

3. 教学目标

(1) 知道 PPT 录制视频的基本方法,初步了解视频录制的操作步骤。

(2) 明确作品录制的需求,合理分工,有重点地筛选录制内容,掌握录制视频的操作技巧。

(3) 合作完成视频录制的过程中,录制声音响亮清晰,团结合作,共同协商解决问题。

4. 重点难点

重点:探究 PPT 录制视频的操作方法;

难点:结合作品实际内容完成 PPT 作品的视频录制。

**问题组合的呈现**

| 问题链 | 问题群 | 设计意图 |
|---|---|---|
| 确定视频作品内容。 | 1. 在这个 3 分钟的作品中,主要有哪些内容?<br>2. 你认为哪些内容是需要重点突出且观众必须知道的?<br>3. 哪些内容是简单介绍,观众略微了解即可的? | 分析作品的具体内容,帮助学生通过样例判断作品的介绍应该主次分明,重点围绕小组研究的姓氏主题作介绍,次要介绍小组个人的姓氏印章和姓氏名人等内容。 |

续　表

| 问题链 | 问题群 | 设计意图 |
|---|---|---|
| 怎样完成 PPT 作品视频的录制？ | 1. PPT 视频制作中声音的录入需要借助什么设备？<br>2. 怎样正确使用这个设备？<br>3. PPT 视频制作的具体操作步骤有哪几步？ | 耳麦的使用是完成视频录制声音的必要设备。<br>梳理操作步骤有利于学生下阶段合作完成作品的录制。 |
| 小组如何分工完成作品录制？ | 1. 分工录制的过程中需要注意哪些问题？<br>2. 怎样导出 mp4 视频格式文件？ | 帮助学生解决录制过程中可能会产生的问题。 |
| 回顾录制视频作品需要考虑哪些问题。 | 1. 为什么要优选录制内容？<br>2. 怎样提高录制效果？ | 帮助学生建构知识，梳理从确定录制内容到录制视频的技巧。 |

**问题效果的反思**

本课主要是由教师帮助学生学习。静教院附校开展的趣谱课是在大单元的引领下，散发出的多个小主题项目研究，而"姓氏文化探究"就是一项跨学科知识项目。学生需要运用信息技术去完成视频的制作，而制作内容的确定又涉及多个学科要求。教师以项目学习的步骤设计了问题组合，推送给学生，学生可以视自身的不同需要，选择性地思考解答，体现了班级授课之下的个性化学习，也体现了遵循学生元认知的问题设计。这节课的问题设计以教学目标和重点难点为依据，从内容维度和思维维度进行组合。教师设问的目的不仅在于解决学生问题，而且能让学生学会质疑。

**案例 2-8：**

## 小小决策师之上海要不要集中供暖

静教院附校　孙灿芬

**问题设计的依据**

1. 内容分析

本课是小学五年级趣谱课"小小决策师之上海要不要集中供暖"的第 5 次课班级辩论赛：证据的使用，需要 2 课时。前几次课中学生熟悉了"南方供暖"议题，搜集了关于上海集中供暖的利弊资料。在这个主题中，本次课是学生培养分析资料、使用资料进行论证的关键阶段，学生主要学习如何分析资料，如何使用资料帮助自己坚持主张，如何进行辩论的基本技巧。在这些学习内容中,最重要的是学会分析资料是否能为自己所用。

2. 学情分析

学生已有的基础:经过之前的学习,学生具备初步的阅读和分析资料的能力,了解一些辩论的知识。

学生先学后自己能学会的:通过观看介绍辩论赛规则、辩论技巧的视频,以及教师对高质量论证标准的解释,学生得以掌握资料的性质,熟悉辩论的基本技巧。学会尊重他人,在教师提醒下倾听他人的发言。

学生先学后可能遇到的困难:资料的分析和判断;如何组织语言,在规定时间内阐明自己的观点和证据,还需要在实践中摸索、感悟;辩论过程中规范性话语的使用需要教师多方位引导和提示。

3. 教学目标

(1) 了解辩论的技巧和规则。

(2) 阅读搜集到的上海集中供暖有利和不利的证据,初步学会对搜集到的资料进行分析和判断。

(3) 能够使用规范性的话语展开辩论。

(4) 学会倾听对方的发言。

4. 重点难点

重点:学会分析搜集到的资料,能够利用资料作为证据进行辩论。

难点:依据对方的发言进行反驳,从多方面提出可靠的证据。

**问题组合的呈现**

| 问题链 | 问题群 | 设计意图 |
|---|---|---|
| 辩论的目的是什么? | 1. 什么是辩论?<br>2. 为什么要开展辩论?<br>3. 辩论赛的规则是怎样的? | 如何有理有据地说服他人是一门高深的学问,而辩论赛可以帮助学生们学习使用证据为自己的主张辩护,学会说服他人的技巧,也能不断明晰我们所讨论的主题。基本的辩论规则和技巧是顺利开展辩论赛的前提,而对辩论资料的分析更是辩论前至关重要的准备工作。 |

续　表

| 问题链 | 问题群 | 设计意图 |
|---|---|---|
| 如何准备辩论的材料？ | 1. 你支持正方还是反方？<br>2. 你有支持自己主张的证据吗？<br>3. 有哪些证据支持与你相反的主张？<br>4. 支持你主张的证据还有哪些？ | 教师将每组的调查报告都打印出来，分发给各小组，并且留给学生充分的时间阅读、分析全班收集的资料，以此为辩论赛作好充足的准备。为了让学生了解更多关于集中供暖的科学知识，教师可结合课本内容帮助学生梳理。教师所补充的这些科学知识能为学生接下来的辩论提供可靠的信息。 |
| 如何开展高质量的辩论？ | 1. 辩论的技巧是什么？<br>2. 你认为小红和小刚谁的观点更有说服力？<br>3. 对方辩手的证据可靠吗？如何反驳？ | 学生第一次接触辩论，要想开展高质量的辩论就要提供具体的例子，而教学环境作为影响课堂教学的主要背景因素，可以通过座位布局改变学习环境，使学生更积极地参与辩论活动中。 |
| 正反方辩论的结果如何？ | 1. 经过辩论赛，你的主张变化了吗？<br>2. 为什么产生/没有变化？<br>3. 正反方的最佳辩手分别是谁？ | 检查自身主张的变化情况，使每位学生都具有参与感。通过教师和学生代表评价辩论赛过程中辩手和大众评审的表现，对突出的优点进行表扬，不足之处进行点拨，为今后的学习积累经验。 |

**问题效果的反思**

1. 如何分析资料是本次课的重点，需要教师提供脚手架，通过问题组合的方式，教师组织学生讨论如何使用一些辩论提示语，以帮助学生更好地分析资料以及运用有用的资料。

2. 教师设计的具有学科逻辑性的问题链以及依据学生学情设计的问题群可以帮助学生明确活动任务的目标，反思活动过程中自己的所思所得。

问题组合还可以提高学生独立学习和合作学习的效能，独立学习和合作学习是班级授课制下个别化教学的主要组织方式，问题的组合设计，使得在相同的时间内学生的选择性增加，从而提高了学生学习的效能。

## 二、问题组合呈现的实效

### (一) 问题组合的呈现,创设学生探究性学习

"一言堂""满堂灌"早已被教改所淘汰,静教院附校长期进行课堂教学后"茶馆式"教学的研究,学生能学会的老师不讲。课堂问题组合的设计就让学生的学习不再是靠教师的讲,更多是问题的引导,学生通过自主学习、同伴互助、小组讨论等形式完成教师设计的学习任务,学生自主进行知识的探索,也可以在合作学习中找寻知识的奥秘,在具有神秘感、挑战性的任务面前,学生学习的积极性会大大提高,探究知识的过程也会成为学生学习过程中难忘的经历。而教师只是在学生遇到困难时,给予"脚手架"式问题的帮助,因此,课堂问题组合的问题链、问题群设计就显得格外重要。

案例 2-9:

一年级语文《蝉》一组问题链和问题群

| 问题链 | 问题群 | 设计意图 |
|---|---|---|
| 蝉的叫声是怎样的? | 1. 课文中哪句话写出了蝉叫声的特点?<br>2. 你能从哪些词语读出蝉叫声的特点?<br>3. 理解"一天到晚""很不"的意思。 | 学生根据问题找出对应句子,提高根据阅读要求找寻句子的能力。<br>在此基础上提出问题:从哪些词语读出蝉叫的特点?这是由关注句子到关注词语的过渡,意在提高精细阅读的深度。这对于一年级的孩子稍有难度,教师只需渗透关注词语,如一天到晚、很不等就能更好地理解句子的含义。 |

以上是静教院附校黄玉芬老师在设计《蝉》这一课教学时的问题链群。一年级的学生在老师问题的引导下,有感情地、认真地朗读课文中描写蝉的语句。在个人体会、小组讨论环节中,大部分学生都能够在关键词的帮助下提取到相关信息,概括出蝉叫声的特点。这就是一种探究式学习,在没有标准答案的情况下,学生回答问题的自由度更高。在共同探究的环境下,学生小组合作学习的参与度也空前高涨,完全看不出是一些才入学几个月的孩子。问题组合引导下的探究学习让小组内的成员思维碰撞,学生之间的差异也成了课堂

上的资源,让不同基础的学生得到了发展。整堂课每位学生都在积极思考,踊跃表达。

## (二)问题组合呈现,让学生自主学习

在问题组合引领下的自主学习就是要让学生主动地发现问题、提出问题、处理问题继而又生成问题。教师根据教学重点、难点为学生设计一连串相互间有逻辑关系的核心问题,设计一个个帮助学生自主探究的问题群,让学生经历合作交流、展示汇报,感悟知识的形成过程,在培养创新意识,实现学习方式转变的同时,让学生感受学习的乐趣,促进自身的全面发展。

**案例 2-10:**

### 三年级数学"年月日"两组问题链和问题群

| 问题链 | 问题群 | 设计意图 |
|---|---|---|
| 第一次自学,认识大月、小月 | 思考:这些有 31 天的月份叫什么?<br>这些有 30 天的月份叫什么?<br>有什么学习"年月日"好办法? | 在三个思考题的帮助下,让学生以不同的习得方式认识大月、小月。 |
| 第二次自学,认识平年与闰年 | 观察这张 97 年到 08 年的年历,并思考:<br>1. 找出哪几年是闰年,在年份上打"√"<br>2. 观察平年、闰年的出现有没有规律?<br>3. 找到判断平年、闰年的方法。 | 再次让学生自学课本,并以问题群的方式检测学生的学习结果。 |

静教院附校陈玮娜老师在这节课中设计了两个自主学习环节。心理学研究表明:在同样的时间内,学生学习同样的学习内容,通过自己思考学会的比通过教师教,能够更好地理解与记忆。[1] 设计中教师让学生两次自学课本内容,但有时学生认为自己看懂了,实际上只理解了问题的一个方面。在不同环节教师设计了不同的问题群,目的是帮助学生自主地成功地掌握本节课的学习内容。在判断平年、闰年的方法中,一般情况下年份是 4 的倍数就是闰年,但是也有特殊情况:年份是整百数时,必须是 400 的倍数才是闰年。而这一方法在教材中 29 页小字部分出现,因此,教师设计了第二次自主学习环节,并要求学生完成能检测学生是否真正掌握这一知识的小练习。

---

[1] 王伟.学习设计:学习任务单的促学价值[J].新课程(综合版),2013(04):51—53.

### (三) 问题组合呈现,拓展思维并整体理解

将问题组合起来呈现不仅有利于不同程度的学生表达自己的见解,还有利于学生思维品质的提升。教师如果将问题一个一个抛给学生,无形中就把教学内容分割成了碎片,不利于学生对学习内容的整体把握。课堂教学中将每一个教学环节的问题整体呈现给学生,学生就更容易了解这些问题的内在联系,对学习内容有了整体的把握。在此基础上,学生有了自我反思的空间,感知到对哪些问题自己能够快速地理解和掌握,对哪些问题可能存在困惑,之后能更有针对性地学习。

案例 2 - 11:

#### 六年级英语"Typhoon"问题组合设计

What is a typhoon?

↓

What may happen when there is a typhoon?

What else may happen when there is a typhoon?

↓

What should Xiaoxin do when there is a typhoon?

What shouldn't Xiaoxin do when there is a typhoon?

静教院附校的沈彦含老师设计的问题组合有别于传统的课堂教学,不同层次的问题、任务与情景,由浅入深、由易到难地呈现知识点,让学生在参与、思考、讨论、交流与合作中发展思维,在学习和使用英语的过程中实现对知识的探究[1]。教师利用信息化手段给予每个学生发言表达的机会,提供自主学习和个性化学习的平台[2],及时发现问题、解决问题,保证人人参与。与此同时,在问题链的主线下,学生基于问题群进行合作学习,更是培养了学生的协作能力,使课堂的教学效率最大化,让学习不再是片段式,而是有整体理解和思考过程的。

---

[1][2] 沈彦含. 数字教材在初中英语教学中的应用探索[J]. 中国现代教育装备,2017(06):28—30. DOI:10.13492/j. cnki. cmee. 2017.06.011.

#### (四) 问题组合呈现,学生成为课堂的主人

问题组合的设计让学生可以视自身不同需要,选择自己感兴趣的问题思考解答,这体现了班级授课制下的个性化学习。由于问题设计遵循了学生的认知规律,基于学生原有的学习基础,学生在完成教师设计的学习任务时,往往不那么紧张。问题矩阵的设计也考虑到学生真实生活问题场景,学生有思维的基础,问题的回答就变得不那么困难。当然,真正的原因是学生成为了课堂的主人,问题链是一条牵引学生达到学习目标的线,而问题群则是课堂的"脚手架",学生可以根据自己学习的轨迹,进行选择地使用。

**案例 2－12:**

九年级化学《二氧化碳的实验室制法》的一组问题组合

| 问题链 | 问题群 | 设计意图 |
| --- | --- | --- |
| 1. 实验室制取二氧化碳的反应原理和制取装置该如何选择? | 1. 我们学过的反应中,能生成二氧化碳的反应有哪些?<br>2. 这些反应是否都适合在实验室中进行?<br>3. 碳酸钠粉末和稀盐酸、碳酸钙粉末和稀盐酸、大理石和稀盐酸反应以及大理石和稀硫酸反应,这四个反应哪一个最适合用于实验室制取二氧化碳? 为什么?<br>4. 实验室制取二氧化碳选择什么样的发生装置和收集装置?<br>5. 选择的依据是什么? | 围绕设计的这几个问题,这一环节完全交给学生自己解决,通过组内合作,实验探究,讨论交流,学生能选出最佳实验原理和实验装置。 |

静教院附校邵丽老师把初三化学气体制取的核心内容——二氧化碳的实验室制法作为课堂教学的内容,其中启普发生器的工作原理是教学中的一个难点,要提高教学的有效性,就必须把学习的主动权交给学生,让学生成为课堂真正的主人[①],在问题设计中以学生所需、学生所求为基本出发点。第一个环节:选择实验室制取二氧化碳的反应原理、制取装置,在以前的教学中,因为不放心学生,教师都是一步步引导,再得出结论。这一次邵老师

---

① 林军.高职高专学校培养学生自主学习和创新能力的研究[J].教育与职业,2013(36):176—178. DOI:10.13615/j.cnki.1004-3985.2013.36.077.

将这一环节通过问题群的形式完全交给学生来完成,从探究实验到小组讨论,最后得出结论,学生完全能胜任,真正做到学生自己能学会的,教师不讲。

随着新课标理念的不断深入,问题组合设计以教师问题和学生问题作为视角,以建构主义理论和最近发展区理论为指导,结合各学科特点、学生差异以及教师自身的教学经验①,根据每一节的教学目标、重点难点对课堂教学的问题链、问题群以及问题矩阵进行研究。研究实践证明:问题组合的设计要求教师在教学重点环节设计有预设性的问题,在新旧知识处诱导学生提出生成性问题;在学生的学习遇到困难时设计脚手架式的问题,根据学生产生的错误设计运用性的问题②。总之,课堂教学问题组合的设计就是为了让深度学习发生,从而提高课堂教学效益。

①② 薛巧.基于问题链的高一化学教学设计研究[D].广西师范大学,2014.

# 第三章 立足学生关键能力培育的 作业设计

作业是教师命题能力的另一个重要方面,对教师而言,作业质量的提升必须重视四个环节,即作业设计、作业布置、作业反馈及作业跟进,这些环节直接影响到作业的质量。课题组围绕着这四个环节展开研究,聚焦作业与教师命题素养之间的关联。

作业设计,就是依据一定的作业目标,对作业内容、难度、类型、时间等进行统筹思考的过程。中小学生作业、睡眠、手机、读物、体质等五项管理看似具体小事,实则是关系学生健康成长、全面发展的大事,是深入推进立德树人的重大举措,是引领教育评价改革的关键事。其中,作业是学生学习不可或缺的重要环节,作业的数量和质量直接关联着学生学业负担的轻重和学业质量的高低,因而备受社会关注。

按照张人利校长提出的"遵循学生的认知规律,让学生成为健康的自然人;遵循学生的发展规律,让学生成为适合未来的社会人"的办学理念,我校持续深入推进后"茶馆式"教学,获得了"轻负担、高质量"的社会赞誉。学校长期专注于作业研究,形成了差异化地控制作业量,多样化提高作业质量的多种方法策略。我们认为只有发现并利用好学生的差异,满足不同学生的不同需求,为不同学生提供不同的学习机会,激发学生学习的主动性,才能实现学生自由、充分、全面、个性化地发展。

学校依托信息化管理平台,建立起符合学生学情的各年级、各学科的作业常模带。教师不允许让学生购买任何上海市教委规定之外的教辅材料,因此,学生的多数作业都由教师自行命题。这就需要提高作业质量,而作业质量的提高需要教师基于课程标准和五育融合的育人目标,设计多样化作业,来满足不同学生、不同学科、不同情境的需求。我们认为日常作业管理必须重视四个环节:作业的设计、布置、反馈及跟进,这直接影响到作业的质量及学生学的质量。

# 第一节  作业设计的类型与特点

2001年版《基础教育课程改革纲要(试行)》明确指出:"倡导学生主动参与、乐于研究、勤于动手,培养学生搜索和处理信息的能力、获取新知识的能力、分析和解决问题的能力以及交流合作的能力。"①因此,新课程实施中的作业设计也应该是开放的,应努力实现课内、课外的联系,校内、校外的沟通,学科之间的融合,让作业成为培养和发展学生能力的一座桥梁,从而优化学生的学习环境。②

作业是教师命题能力的另一个重要方面,对教师而言,要提升作业的质量必须重视四个环节,即作业设计、作业布置、作业反馈及作业跟进,这些环节直接影响到作业的效能。静教院附校围绕着四个环节展开了研究,聚焦作业与教师命题素养之间的关联。

作业设计是作业四环节中最核心、最基础的环节,作业能使课堂教学得以延伸,实现并努力超越课堂教学本身的价值。作业可以检测课堂教学的效果,有助于教师及时掌握学情,培育学生学科核心素养。通过作业,学生能够完成学科知识意义和能力的自我构建、自我发展。

因此,作业设计要尽量避免出现机械化的无效作业或惩罚性作业,尽量缩减一些死记硬背、反复抄写的练习;作业的设计要符合学生年龄特点、心理规律和认知规律,设计的作业形式也应该多样化,切忌只有单调的书面作业,需要设计更多有实践性、探究性、研究性的体验类作业。新课标影响下的作业设计更要关注学生创新实践能力、思维能力的提升。

静教院附校根据对本校教师作业设计的专题研究,个性化作业设计的形式研究,有效作业设计研究,作业量控制研究,以已有的多样化作业为依据,对提高作业质量进行分析,从不同维度进行了归类,努力使不同维度的作业设计都体现作业需满足不同学生不同需求这一理念。

---

① 基础教育课程改革纲要(试行)[J].课程教材教学研究(中教研究),2002(Z1):16—18.
② 姚心凡.聚焦重难点  设计多元化——"双减"背景下的语文作业设计初探[J].语文新读写,2021(05):64—66.

## 一、空间维度

空间维度一般指多维度空间。"维"是一种度量,在三维空间坐标上,加上时间,时空互相联系,就构成四维空间。作业以空间维度来分,可以分为课内作业和课外作业;校内作业和校外作业。

### (一) 课内作业

课内作业一般指在课堂内完成的学习任务,也可称为课堂作业。课内作业有不同类型:按作业完成形式可分为口头作业、书面作业和实践作业等;按学生完成作业独立程度有独立作业、教师指导作业、生生合作作业等;按作业成果表现形式,有个人作业、小组作业等。不同的作业设计均是为了帮助学生理解和巩固所学知识,激发学生学习的兴趣,挖掘学生学习的潜能,形成与学科知识相关的技能和素养;教师则可从学生课内作业完成的达标程度,发现学生共性和个性的问题,及时调整和改进教学,跟进作业设计,以帮助学生最终能解决问题。

### (二) 课外作业

课外作业一般指上课以外的时间由学生完成的学习任务,也称为家庭作业。课外作业是教学组织形式之一,是课堂教学的延伸,是教学五环节中不可缺少的一个环节。其作用在于加深和加强学生对教材的理解和巩固,进一步分析掌握相关的技能、技巧。[1] 课外作业的设计要尽量地符合学生的实际情况,适当考虑学生完成课外作业的心理因素。课外作业的内容设计要把课本知识与课外知识相结合,课外作业内容不可太过依赖于课本教材,这样才能够更好地激发学生的学习兴趣,让学生在愉快轻松的条件下完成课外作业,也有利于学生养成良好的学习习惯,有利于学生思维能力、创新能力和发现问题解决问题的能力的培养和提高。[2]

---

[1] 朱文文.小学英语课外作业设计中的问题及对策[J].英语教师,2022,22(03):102—104.
[2] 杨明良.优化课外作业设计　减轻学生过重负担[J].考试周刊,2019(41):37.

### （三）校内作业

校内作业一般指在校园内完成的学习任务，但与课内作业不同，校内作业完成的时间更自由，教师还可以有意识地设计与校园文化相结合的校内作业，利用好校园的各种资源。

教育部"双减"政策中明确指出：小学一、二年级不布置书面家庭作业。可在校内适当安排巩固练习，或结合教学内容布置不超过 30 分钟的作业，包括与学生学习、生活相联系的听说型、活动型作业。中小学的其他年级也有每天完成作业时长的要求。因此，校内作业的设计要考虑学生在校完成的时间、场地以及完成的形式。校内作业的特点是：有独立完成的口头和书面作业，当校内完成时遇到困难可以寻求老师的帮助；有探究型的实践作业，校内可以与同学合作完成，有利于培养学生的合作能力和自主学习的能力。

### （四）校外作业

校外作业一般指由于完成任务的场地、资源或者其他特殊要求，只能在校外完成的学习任务。对于一、二年级每天没有书面校外作业的要求，教师可以设计促进亲子关系的亲子阅读，让家长抽出一些时间来陪伴孩子，有利于孩子的健康成长。在新课标理念下，可以设计家庭体育锻炼或者家务劳动等学习任务。校外作业最大的优势就是资源的利用不再受到限制，知识不再局限于书本上看到的那些，可以走出校园去寻找知识，朝着自己感兴趣的领域进行更深入的研究。校外作业把更多的自主权交给了学生，让学生到更广阔的知识海洋去遨游。

## 二、时间维度

时间维度就是时间在虚和实上面的表现。实时间的维度在物理世界具有现实的意义，而虚时间现在还只是一种表示而已。从时间维度上说，作业可以分为日常作业和假期作业。

### （一）日常作业

日常作业一般指时间上有一定规律的作业，也可以叫作常规作业、学科固定性作业。

日常作业很容易让学生摸清套路,久而久之,失去对日常作业的兴趣,或者找到应对日常作业各种方法,失去完成日常作业本身的意义。教师对学生完成日常作业的情况也容易产生错误的判断。因此,日常作业的设计既要基于学生的学情,还要考虑作业形式不能过于单一,所谓的日常作业并不是一成不变的,教师可以根据学生完成日常作业的真实反馈,对日常作业不断作调整,增加学生感兴趣的动手类、实践类作业,涉及多学科的主题引领的研究性作业等。

### (二) 假期作业

假期作业一般指在寒暑假或者特定假期内完成的学习任务。教育部提出要控制学生每天书面作业总量。根据不同年级学生实际,教师可在双休日、寒暑假、法定节假日适量布置书面作业,假期作业设计要考虑到学生是以休息为主,要利用好学生享受假期的资源。其次,要考虑学生的兴趣,他们喜欢动手实践,喜欢游戏,喜欢旅游,喜欢看电视,教师可以设计大主题,如:"关注自然,关注社会"引领的长作业,鼓励学生积极参与社区活动,走进大自然。遵循学生身心发展规律,让学生自主学习,设计体育锻炼、艺术欣赏、科学探究、社会与劳动实践等不同类型的作业,[①]增加学生更多生活体验,提高学生综合素质和能力。

### 三、用时维度

用时维度指完成学习任务所需要的时间,根据用时维度可以将作业分为短作业和长作业。

### (一) 长作业

长作业一般指以与学生学习生活相联系的,以学生兴趣为核心,能充分展现学生综合素质,需要花较长时间才能完成的作业。长作业可以独立完成,也可以合作完成。它是具有一定探究和实践体验性的学习任务。长作业的设计打破了学科内容之间以及学科与学科之

---

① 教育部办公厅关于加强义务教育学校作业管理的通知[J].中华人民共和国教育部公报,2021(06):
　　34—35.

间的边界,作业的答案与评价方式都是开放性的,在开放的学习环境和统整的学习中,启迪每一个学生的思维,提升学生面向未来的综合素养。而长作业的关键特征不是在于实践的时间跨度,而在于以能力为框架设计作业内容,以过程为主线描述学习任务,关注知识目标、技能目标和情感目标三个维度,并以技能为表象,以知识为内涵,以情感为载体,培养学生的实践能力和创新精神。教师可以设计跨学科长作业、观察研究类长作业、习惯培养型长作业等。

### (二) 短作业

短作业一般指在学生在较短时间内,甚至是课堂内完成的学习任务。学生完成学习任务的时空较小,以独立完成为主,也可以寻求合作,实现对知识的巩固、迁移与提升。由于短作业的用时短,通常包含的学科内容相对少,完成的形式也有一定的局限性。常见的短作业包括课堂上用时 5—10 分钟的小练习,或者每天课后听读任务,通常只需几分钟。如果一段时间内坚持完成同一种形式的短作业,不仅能对知识进行长期的积累,还能培养学生好的学习习惯。

### 四、对象维度

对象维度是指完成作业的对象,即学生。由于学生是有差异的,作业设计要考虑学生的最近发展区,让不同学业基础的学生,通过不同作业的完成,都能获得成功。从对象维度划分,可以分成基础作业、整体作业和荣誉作业。

### (一) 基础作业

基础作业一般指基于课程标准,针对全体学生的共性需求而设计的学习任务。基础作业为学生学习搭建了基础的知识框架和关键的实践技能,培养学生良好的学习习惯、必备品格和学习品质。基础作业是在整体作业上做减法,减少学困生作业量并降低难度。由于难度不大,作业内容少而精,针对的是课本中必须掌握的基础性知识点,是学生都能解答的大部分基础题。由于每个学生原有的学习基础不同,学业水平不同,基础作业的设计首先是研究每个学生的学习基础,因人而异对整体作业进行删减,直至达到学生能完成该作业的水平。

## （二）整体作业

整体作业一般指从教学整体、单元整体、课程整体的视角设计的学习任务。整体作业有一定的系统性、关联性、综合性和递进性，往往围绕特定情境和要求设计作业。教师需要对作业的内容进行统筹思考，减少一些仅仅针对低阶思维类型目标，反复操练性质的作业，留有更多时空增加发展学生高阶思维的作业。整体作业相比基础作业而言，难度、密度、强度都要高出一筹。

## （三）荣誉作业

荣誉作业一般指为学有余力的学生设计的学习任务。静教院附校的"荣誉作业"有三个特点：一、不是每位想做荣誉作业的学生都能获得，荣誉作业是教师对部分学生学业进步的奖励，是学科礼物。二、荣誉作业有一定难度，富有一定的挑战性；三、大部分题目都能通过所学知识来解答，但有一定的思维含量，最终能让学生获得成功的喜悦，被荣誉作业吸引住。

## 五、形式维度

形式维度指不同学生的优势以及不足都能通过不同作业形式起到很好补充或拓展延伸的作用。有的学生背诵和演讲英语表现出色，有的对数字、运算的内容非常敏感，还有的对阅读配有图片的文章得心应手；有的学生身体语言及表演胜人一筹，有的则唱歌记歌词过目不忘，还有的学生参与合作式学习时兴趣高涨；有的学生写日记或独立学习时特别专心致志，还有的学生对动物、植物、天文、地理方面的内容情有独钟。

（一）**独立完成**：一般指学生经过自己的独立思考，在没有外界的帮助下完成的学习活动。独立完成作业是深化知识、巩固知识、检查学习效果的重要手段，也是复习与应用相结合的主要形式。① 独立完成的作业可以检查学生的学习效果，自己查漏补缺。独立完成的作业还可以培养学生的思维能力，作业中各种问题的解答，必然会促使学生积极思考，增强分析问题和解决问题的能力。学生独立完成作业的过程也是良好学习习惯养成的过程。

① 高克军.如何打造初中英语高效课堂[J].中学生英语(初中版),2013(26):12—13＋15.

（二）**合作完成**：一般指多人分工合作完成，具有一定的探究意义的学习任务。合作完成作业不仅能促进学生间相互帮助，共同提高，增进学生间的友谊，还能消除学困生独立完成任务时的恐惧心理，在与他人合作中逐步树立自信心。通常教师会布置一些主题引领的，没有唯一答案的，贴近学生生活的，看上去不难，但需要学生独立思考，又要小组讨论的学习任务。学生在生生、师生共同合作完成的过程中，激发了自身潜在的创新能力。静教院附校趣谱课程中的学习任务均以小组形式展开，每个小组都会确定一名组长，组内的组员们职责各不相同，根据每一次的学习任务由组长协调安排，对学习任务的最终评价也和每一位成员相关联。

（三）**选择完成**：一般指可以让学生根据自己的爱好、特长选择完成的学习任务。由于学生的基础、能力、习惯等存在较大差异，设计可供选择完成的作业，就是考虑不同层次的学生，学生根据自身的能力去完成力所能及的作业，尝试挑战有一定难度的作业。学生学会选择作业后，会体验到作业带来的成功与喜悦，同时选择完成给了学生较大的空间和较多的机会去寻找新的任务，接受新的挑战。

以上所介绍的不同类型的作业只是静教院附校在提升教师命题素养研究——作业设计这个环节，对本校教师原创作业进行分析和归类的结果。优质的多样化的作业不仅使学生在作业过程中围绕学习目标得到学习的强化，又能促进学生的拓展思维和学习，培养他们的创新素养。

可见，为了满足不同学生的不同需求，作业设计需不断地优化。中小学都将作业设计作为教师专业发展的重点领域，教师首先要提高自主设计作业能力，针对学生不同情况，精准设计作业，根据实际学情，精选作业内容，合理确定作业数量，作业难度不得超过国家课程标准要求。学校更加应该以优质的作业设计，保障学生的学习质量，从而达到"双减"背景下真正的减负增效。

依据新课标科学合理地设计作业，不仅能很好地巩固学生的已学知识，培养学生对信息的采集、加工和处理能力，而且可以在一定程度上促进学生知识的形成和能力的拓展。

## 第二节　作业设计的依据与标准

静教院附校长期坚持在课堂教学的提质增效上进行实践研究，充分发挥高质量作业的育人功能,布置科学、合理、有效的作业,帮助学生巩固知识、形成能力、培养习惯。教师要把学生能够自己独立完成的事情留给他们,让学生有时间、有机会去选择、决定,去思考、体验、感悟,去创造、实践、应用。① 这就要求教师精心设计作业,使之符合学生发展的需要,挖掘学生的自主能力,全面提高学生综合素养,培养学生优质的学习品格。一份精心设计的作业,不仅能给学生无穷益处,也能留给教师无尽的思考。

作业设计的标准既要回应课程教学立德树人的根本任务,也要体现教育教学规律和学生身心发展规律的科学要求,同时还要密切反映国际教育教学和学生作业设计的改革潮流。

## 一、作业设计的理论依据

作业设计需要基于课程标准,以实现作业的科学性;需要关注作业目标,以明确作业的解释性;需要将内容进行统筹分配,以突出作业的整体性;需要关注不同功能和不同类型的作业,以体现作业的科学性。最近发展区、建构主义、需要层次和多元智能等理论对作业设计具有现实的指导价值和意义。

### (一) 最近发展区理论

苏联教育家维果斯基的最近发展区理论中"最近"是指学生的原有基础。在作业设计时,教师要找准学生的实际发展水平和潜在发展水平,使作业发挥其最大作用。同时作业设计还要切合学生的认知特点和心理规律,应遵从由易到难,逐步加深,螺旋式上升的原则。

最近发展区不是静态的,不是固定不变的,而是动态的三维发展的体系。作业设计,由于教师命题素养的高低,直接影响到这个发展区域的大小。教师对作业设计的最高追求就是学生"最近发展区"的最大化。提高作业效益,就是在相同的单位时间内,怎样取得"最近发展区"的最大化。新课程推进后,带来了学校课程与教育的新一轮改革,"合作学习""IT整合""研究性学习"的深入展开,让更多教师投入到此类课程作业的设计研究中。

---

① 肖慧玲."双减"背景下小学英语作业设计的有效性探析[J].辽宁教育,2022(13):72—74.

**案例 3 - 1：**

### 六年级数图形的探究作业设计

现在有四根棒,长度分别为:3 cm,5 cm,5 cm,8 cm。你能拼出几个不同的梯形? 也可以把能不能搭出梯形的问题,转化为能不能搭成三角形的问题。这份数学作业的设计,考虑到六年级学生原有的学习基础,他们已经对图形有一定的了解,学生需要运用梯形的四边关系以及三角形三边关系进行研究。它不是简单的计算题、几何图形题,而是通过对现有条件的分析和运用,激发学生潜在的能力。

### (二) 建构主义理论

布鲁纳提出的建构主义理论,主张学习并非学习者把外界的知识搬到记忆中,而是以原有的知识经验为基础,通过与外界的互动,以自己的方式生成信息,构建知识的过程。[①] 以建构主义理论为依据,教师设计作业,一定要考虑不同层次的学生根据自己已有的知识、生活经验,结合新学的知识,进行不同维度的创造,从而收获独特的学习体验。

**案例 3 - 2：**

### 提升初中生英语阅读能力作业设计——Read for fun

何华老师关注了学生之间的差异,设计了个性化注解词汇、图表化建构框架、绘图化解读细节、开放化补全故事等完成阅读作业形式,旨在调动学生完成英语阅读作业的积极性,激发学生对英语语篇阅读的兴趣,提高学生点、线、面解读文本的能力。教师发现这样一份作业,学生不仅乐于完成,同时它也能够帮助学生更好地梳理文本的结构,进行自我的搭建,同时也能够帮助老师更加直观地发现学生在文本框架理解上的问题。

### (三) 需要层次理论

马斯洛认为人的需要可以分为六个层次:生理需要、安全需要、爱和归属的需要、尊重的需要、自我实现和自我超越的需要。依据需要层次理论,教师可以设计一些合作完成的

---

[①] 蒙跃平,于艳东,徐桂枝,李俊玲.基于在线学习平台的对分课堂教学设计研究[J].中国教育技术装备,2021(04):105—107.

作业,让不同发展水平、不同性格特质的学生在一起,通过小组合作学习的任务和机会,促进学生良好性格的形成和学业水平的发展。

案例 3 - 3:

### 七年级历史"商业的繁荣与城市生活"的学习任务单设计

薛艳老师设计了让学生通过小组合作、自主探究等形式,进行《宋代市民生活特征表》的归纳和整理,观察《清明上河图》,再结合文献史料《东京梦华录》和教材内容,完成学习任务单。

学习任务单　班级_____　小组成员_____
宋代市民生活特征表

| 分类 | 衣 | 食 | 住 | 行 | 娱乐 |
|------|-----|-----|-----|-----|------|
| 文字描述 | | | | | |

著名教育家波利亚说:"学习任何知识的最佳途径是自己去发现。"对知识而言,学生独立思考,互相讨论,思维澄清的过程就是自己发现的过程,依据教学目标设计的任务单引领学生学习和探究,学生在独立完成或合作完成任务的过程中,发现问题,提出解决问题的方法或思路,最后构建新的认识。此过程中教师不直接告诉学生某些结论,而是通过分析,由学生自己得出相关的结论,以问题为中心,以学生的经验为基础,能够提高学生的辩证思维。

### (四)多元智能理论

美国加德纳教授的多元智能理论指出:每个人都同时拥有言语语言智能、音乐韵律智能、数理逻辑、视觉空间、身体运动、人际沟通、自我认识、自然观察和存在等九种智能,只是这九种智能在每个人身上以不同的方式、不同的程度组合存在,从而使每个人的智能都各具特色。如果每个人都能用自己最擅长的智能强项或强项组合来学习课程,会取得事半功倍的效果。因此,教师要根据学生多元智能发展的差异和特点设计具有个性化的作业,发掘每个人多元智能中的优势,激发全脑智能效应,通过多元化的作业开发学生的多元潜能,构建每个人学习的最佳智能途径和个性化高效学习方案,使所有学生对学习感到如鱼得水、如虎添翼。

**案例 3-4:**

## 指向多元智能的小学英语作业设计

| 多元智能项目 | 教学内容 | 所设计的作业 |
|---|---|---|
| 空间智能 | 26 个字母 | 绘画作品"我眼中的字母王国" |
| | Body parts | 自画像,标出五官和身体部位的名称 |
| | Public signs | 为公园、图书馆、教室等公共场所设计标示,并写下标示语。 |
| | Ask the way | 标明路线,写出线路的过程。 |
| | 各种主题 | 制作英语小报,配有插图和文章。 |
| | 各种单词 | 用自己的想象画一幅图来呈现单词的含义。 |
| 音乐智能 | 各种主题、句型和单词(运用广泛) | 通过布置一些节奏感强,容易上口的英语歌曲和说唱,把所学习的单词、句型融入歌曲中,可以使学生轻松、愉快地掌握所学内容。① |
| 身体运动智能 | My abilities | 自编休闲操,说句子,做动作。 |
| | Different actions | 游戏:Listen and act |
| 数学逻辑智能 | Numbers | 20 以内的加减法,编简单的应用题。 |
| | Shapes | 用各种形状来构图,并说一说所用图形和数量 |
| 人际交往智能 | My favourite | Do a survey 调查问卷 |
| 语言智能 | 易混淆的单词 | 自编绕口令 |
| 自我认识智能 | 运用 I'm... I can... I like to... 等句型 | 做一份自我介绍 |

　　人的智能是多元的,是先天存在的,也是可以后天开发的。这份英语作业的设计,巧妙地结合学科的知识与技能,以不同的作业完成形式来弥补学生在"语言、音乐、数理逻辑、视觉空间、身体运动、人际交往、自我认识以及自然观察"等智能上发展的不平衡。学生完成作业情况,反映出每个人各项智能发展的不同优势及优势组合。

---

① 张淑燕,曾济民.多元智能理论与小学英语作业设计[J].昭通师范高等专科学校学报,2006(03):71—74.

## 二、高质量作业设计的标准

高质量的作业设计能让学生及时有效地巩固所学知识,对于培养学生的学习兴趣,帮助他们树立自信心,养成良好的学习习惯,形成有效的学习策略以及发展自主学习的能力和合作精神都起着重要的作用,这也是新课标要求下的作业设计。

### (一)适度性

不同年龄阶段有不同要求的作业量。PISA 考试结果显示每周作业时间在 11.8 小时内为正常值,上海市绿色指标综合测试结果显示八年级学生平均每周的作业时间为 13.8 小时。静教院附校每周作业时间比区平均值低百分之四十。作业量不是越多越好,也不是越少越好,而是要有一个适当值,过高或过低于这个值都可能会影响作业完成的效果。因此,只有通过提高作业质量才能真正控制作业量,从而减轻学生过重的学业负担。作为一所学校,既要通过提升教师命题素养来产生高质量的作业,又要通过一定的方法来控制作业量。作业量没有统一的标准,必须在全面了解学生学习基础的前提下,不断提高课堂教学效能,研究高质量作业的设计。

### (二)针对性

我们必须承认,学生之间的差异是客观存在的。作业设计一定要考虑学生的差异,要因材施教,同一要求的作业容易顾此失彼,所以我们在教学中尝试"同一作业、不同要求"的分层设计,也就是说将某些作业的难度降低,形成整体作业,增加某些作业的难度,使之成为荣誉作业,让学有余力的学生,通过知识的融会贯通,解决更高要求的问题,使各个层次的学生都能得到更好的发展。

**案例 3-5:**
#### 二年级语文分层作业设计

二年级语文备课组基于学生认知水平的不同、原有学习基础不同、当堂学习的效果不同,把作业分为基础题、巩固题和拓展题,基础题是每个学生都必须完成的作业,对二年级学生来说,一般设计写生字,巩固题是对当天所学知识的进一步巩固,且体现设计的多样性和层次性,例如一部分可以是培养学生的听说能力,另一部分可以是培养学生的读写能力,让学生结合自己的学习兴趣选择针对性的作业,但每位学生都必须选择至少一道自己喜欢的题,而拓展题则是在学生自愿的情况下,结合自身的兴趣爱好,可做可不做,甚至可以在家长的帮助、提示下完成,旨在拓展思维,提高兴趣。

### (三) 趣味性

学生学好一门学科,兴趣可以说是最为关键的要素。通常情况下,教师在教学的过程中可以为学生提供许多培养兴趣的空间,不过一旦到了作业练习的过程中,就较少涉及培养学生兴趣的内容。其实作业的功能并非只有巩固知识,也可以为学生提供更多兴趣的空间,如果作业内容是更多学生感兴趣的话题,可以让他们感觉有趣而不是沉重的负担。作业的趣味性能引领学生们进入科学的殿堂,作业的完成则是探索科学规律的过程。

案例 3-6:
#### 九年级物理课外作业设计

学生学习了浮力这个知识,理解了阿基米德原理,了解了潜水艇的工作原理,于是,教师设计了让学生利用所学知识来制作"浮沉子",让学生利用常见的生活用品作为器材,独立动手完成作品的制作。对九年级同学来说,学业压力较大,能有动手实践的作业让自己从案头解放出来,一定程度上提高了他们完成作业的兴趣。该作业更大的兴趣点是对阿基米德原理的探究。这样的作业设计既巩固了所学知识,又培养了学生的探究精神和综合素养。

### (四) 自主性

学生自主设计作业,教师偶尔把作业设计的主动权交给孩子们。每个月进行一次到两次。每次的自主作业都是在牛津教材单元主题的大框架下进行。作业形式有歌曲演绎、小品表演、诗歌朗诵、海报介绍、ppt 展示等等。针对不同的学习内容和孩子们语言的积累,每次的形式都有所不同。而作业的具体操作和反馈则是由孩子们以小组为单位设计完成。这一部分的作业设计,不仅是为了检测孩子们的口语能力和思维逻辑,更为孩子们提供了合作的机会。在小组活动中,学生之间的相互学习和思维碰撞更是一般读写作业所不能提供的。

### 案例 3-7:

#### 一年级英语口头选择作业设计

依据已学单元 seasons 的内容,学生可以选择以下作业:作业 1.合作表演课剧《Apple Tree》(关于苹果树一年四季的变化);作业 2.演唱英语歌曲《what's your favorite season》;作业 3.画自己喜欢的季节,并进行介绍。

这样的作业设计,对于没有"笔头"作业的低年级孩子来说,相比枯燥的读课文和背儿歌,增加了一份选择的乐趣,也激发了她们创造的能力。虽然孩子们最后展现的内容各不相同,每个小组的完成度也会略微有差异,但这样自主选择作业的过程为孩子们带来了极大的乐趣。能力强的小组表演的内容可能很丰富,有难度,能力弱一些的孩子也能在参与的过程中收获到一份自信。特别是来自老师和同学们的倾听对于学习能力较弱的孩子们来说,是弥足珍贵的。

### (五) 诊断性

诊断就是基于标准的评价。教师在完成每节课的教学任务后,会设计用诊断教学目标达成度的作业,但仅仅达成这节课的目标是不够的,教师需要高瞻远瞩地看待"作业"这一概念,大胆地突破"作业"的传统内涵,摒弃一些功利的思想,让作业作为一种课堂教学目标达成与否的诊断,反而能更容易挖掘学生的潜力。

### 案例 3-8:

#### 七年级实数运算的复习课课堂作业设计

教师在实数运算的复习课上设计了这样两题课堂作业:计算:$\sqrt{-(2-\sqrt{2})(\sqrt{2}-2)}$;②$[(-2)^{-2}]^{\frac{3}{2}}$。通过这两小题学生完成的情况,教师可以诊断学生对运算性质(① $\sqrt{a^2} = \begin{cases} a & (a \geqslant 0) \\ -a & (a < 0) \end{cases}$ ②有理数指数幂性质:设 $a > 0, b > 0, p, q$ 为有理数,那么 $a^p \cdot a^q = a^{p+q}$;$(ab)^p = a^p b^p$;$(a^p)^q = a^{pq}$)掌握的情况。课堂上学生在完成这两小题时,把实数运

算中的错误充分地暴露了出来。教师再从中挖掘出这些问题的真正原因,从而将单个知识串成一个整体,通过少量的题目,达到以少胜多的效果,实现实数运算算理结构化。

静教院附校的课堂作业、课后作业、书面作业、口头作业、选择作业、跨学科作业、探究作业等不同学科、不同类型的作业都充分体现了静教院附校的教师命题素养在长期的教学实践中得到了提升。比如,语文教师王歆怡在课后给学生布置的"乐声画意传词情"活动任务,学生根据个人特长推选出 5 位擅长绘画的组长。每位学生"词配曲"朗诵一首宋词,小组则要制作一本"词配画"的册子。其中用到的书册装帧和中国古乐知识,分别来自于美术课、音乐课。王老师设计的宋词赏析作业将语文与美术、音乐学科结合。学生在主题学习与合作学习中各展所长,从装帧和赏析角度共同打造小组作品,再借助宋词朗诵比赛评出奖项。学生"在收获成果的同时提升了综合能力,也增强了表达力①。

再如,六年级学生在接触数学第一章《数的整除》后,拿到手的不是练习题,而是一份章节思维导图的作业。任教六年级数学的喻悦老师提到,学生花在一个章节上的时间通常持续两三周至一个月,少则十几节,多则三十节课,知识点在脑海中往往是碎片化的。为了增强学生建立学科知识体系的意识,她设计了每个章节新授课后布置思维导图的作业。基于书本上每个章节之后的"本章小结"知识结构图,学生观察并回忆学习过程中的重要内容,以自己对知识点的理解完成导图②。

学生用作业证明他们可以不拘泥于课本上基本框架,结合练习和测试中的具体情况,整理错题和注意事项,把科学性和艺术美感互相融合。这是毋须评价好坏的作业,是个性化的对知识的理解和整理③。

静教院附校的学生不买一本教辅书,所有的作业均由教师编制,作业被赋予了更深的内涵,不仅仅用来评价学业质量,也是教师对教学评一体化的研究。静教院附校张人利校长认为,作业设计环节的核心不在课后刷题,而在于提高教师的命题素养。如果一名教师底蕴深厚,能在课上问出好问题,课后的作业也会切中要义,反之亦然④。

---

①②③④ 潘晨聪,薛婷彦.静教院附校:作业系统变革下的育人探索[J].上海教育,2019(13):36—39.

## 第三节　作业设计的方法与策略

上海市深化课程改革推进的根本目的是立德树人,命题是一种教学评价的研究,测量工具的研究,它的根本价值取向也在于立德树人。教师的命题能力与学生过重的学业负担密切相关,教师的命题能力越低,学生的作业量越多,学业负担越重。因此,教师命题素养的研究绝不限于学科的研究,教师要关注学生的共性和个性,从培育学生核心素养的高度来提高作业的质,针对不同学生、不同学科、不同情境进行改编,通过提升作业的质,进一步控制作业的量,以控制作业的量来倒逼作业质的提升,站在发展学生核心素养的视角来提高自身的命题素养。

作业设计与教学设计是有一定协同关系的,作业不完全是教学的评价和巩固,还具有补充、反馈等功能;作业设计应该回归学科本质和学生本位,作业的类型需要多元化,需要统筹考虑作业所需要的时间,作业的难度等问题;作业是个系统工程,不仅需要教师科学地设计作业,还需要有合理的布置方式、批改方式和辅导方式;新课标背景下的作业设计有助于转变学生的学习方式,帮助学生更好地掌握学习技能和方法的实际运用,让学生在完成作业任务的实践中,获得各种体验,进而得到人生的感悟,真正发挥教育的育人作用。在作业目标明确的前提下,静教院附校的老师们在作业内容、形式上,作业反馈、批改、辅导讲评上,作了深入研究,教师命题素养的不断提升,保证了作业高质量,控制了作业总量,减轻了学生课业负担。

### 一、作业内容和形式的多元化

作业内容的设计需要与学生的经验相联系,与现实生活相联系,从而让学生通过作业能够体验和感知学习的意义与价值。作业的完成过程也是一个现实生活实际问题解决的过程,①因此,不同作业形式能带给学生不一样的体验,既有知识的积累和完善,也有能力的挖掘和提升。

---

① 胡庆芳.“双减”背景下作业设计的问题分析及标准建构[J].基础教育课程,2021(24):4—8.

### (一) 作业内容的多元化

作业内容的选择既要基于课内所学知识,又要与课外内容、实际生活中需要解决的问题相联系;作业内容的选择既要考虑学生的基础,又要考虑学生的兴趣点,既要考虑知识本身,又要考虑知识的延伸。只有这样,才能保证作业内容的丰富,且不受教学内容的限制,彰显有意义的学习。

1. 基于学科教学的作业

作业内容通常由作业目标而定,而作业目标又是与课堂教学的目标相关联的,为了教学目标而确定的作业内容,往往过于功利,过于枯燥。如:初中语文的古诗词,学生普遍不感兴趣,许多同学看到课后"背诵"两个大字就生畏。有些古诗词的内容比较深奥,诵读需要一定文学和历史知识为基础,也需对诗人的生活经历及写作背景有一定的了解,如果简单地背诵,很难真正理解诗意。为了让学生真正喜欢上古诗词,并有感情诵读出诗歌背后的故事,无论多久都不会忘记,静教院附校的马晓云老师设计了古诗词创作作业,产生了不同的效果。

**案例 3-9:**

**七年级语文古诗词再创作作业设计**

新学期开学,马老师布置了一份与众不同的古诗词作业,让学生自主挑选课本内的诗词讲、说、演,也可以选择学习过的诗歌或课外喜欢的诗词自由组合朗诵、配乐、配画、改写、仿写。

马老师利用板报、墙报、学习园地、多媒体、校园文化节等为学生推介名家、赏析名篇名句;利用现代化信息技术手段,开展诗词朗诵欣赏和诗词表演等活动。还为有能力的同学开设诗词讲座,如"唐朝边塞诗与盛唐气象""诗人笔下的梅、松、菊、竹"等。看似与古诗词学习没有直接的关联,但是学生通过马老师搭建的这些平台,了解到了比书本上更多的关于古诗词的知识,也让原来的被动记忆,借由现在的展示表演活动、主题讲座,变成主动行为。诗词学习多了一些声情并茂的诵读,少了一些学究解经式的分析;多了一些陶情冶性的快乐,少了一些正襟危坐的严肃;多了一些联系自我的体验,少了一些微言大义的挖掘。

2. 基于课外活动的作业

学生的学习活动不只发生在课堂上,课后、校外等不同的空间内都可能发生。静教院附校长期坚持各项学科课外活动,如体育学科的"开心一刻""接龙长跑",英语学科的"英语长廊",语文学科的"文学社",数学学科的"非常数学",这些课外活动都是课堂教学的延伸,但延伸的深度和广度取决于学生的基础,取决于学生的兴趣点。初中英语方立萍老师利用英语长廊的学习资源设计了六年级课外长作业。

**案例 3 - 10:**

### 六年级英语长作业设计

经过一学期的英语长廊活动,利用所学的英语歌曲,方老师布置了题为"Voice of G6,班班有歌声"的一项课外长作业。作业完成时间为三周,学生可以独立完成其中一项个体任务,选择自己喜欢的歌曲参加个人英语歌曲竞赛;也可以与同伴合作完成一项集体任务,以班级为单位选择英语歌曲参赛。

该长作业内容不仅涉及到与学科教学相关的内容,还让学生通过独立聆听、模仿,独立或合作演绎英语歌曲,了解更多英语国家的文化,进而提高学生学习英语的兴趣。完成作业的每一个环节都对学生合作能力、决策能力、沟通能力的提升有很大的作用。

3. 基于学生个体的作业

通常教师设计的作业内容,其完成对象是全体学生,但由于学生个体的差异以及后天造成的差异,往往会导致某些学科的作业并不适合所有学生。例如,八、九年级体育学科,如果学生完成的是教师设计的统一作业内容,总有学生完不成,总有学生不感兴趣,不愿意去完成。于是,静教院附校体育王广转老师设计了八年级女生提升综合素质的个体作业。

**案例 3 - 11:**

### 八年级体育个性化作业设计

教师为学生量身定制了"运动处方",运动地点可以在校内,也可以在校外,活动方式可以独立完成,也可以在家长的帮助与督促下完成处方。

| 学生姓名 | 小叶 | 年龄 | 14 | 性别 | 女 |
|---|---|---|---|---|---|
| 测试项目 | 实心球 | 800 米 | 立定跳远 | 篮球 | 50 米 |
| 测试成绩 | 4.5 米 | 4.12 | 1.46 | 31 秒 | 10″6 |
| 体质评定 | 该学生耐力、速度素质、力量、篮球技术需要进一步提高。 | | | | |
| 处方内容 | 1. 跑走交替(800 米—1200 米跑走交替,逐步增加跑的距离和速度)<br>2. 自然地形跑(充分利用学校场地,或者设置各种模仿的自然地形,注意距离、时间、安全)<br>3. 跳短绳(2—3 分钟×3—4)<br>4. 俯卧撑 20×3—4<br>5. 不同方式的掷实心球(设立一定高度标志线,原地双手头上向前抛实心球;原地双手头上向前、向后抛实心球;原地双膝跪地,双手头上向前抛实心球)(各 5—8 次)<br>6. 篮球运球、投篮。<br>7. 单、双杠练习<br>8. 单脚跳(左右脚各 15 次×2—3) | | | | |
| 练习频度 | 3 次/周 | | 体检 | | 正常 |
| 强度控制 | 心率 130 次/分 | | 练习时间 | | 20 分/次 |
| 注意事项 | 练习前充分做好准备活动,在练习过程中注意自我保护与相互保护。 | | | | |

该作业内容的确定,是依据学生个体的状况,出于不同的目的,如为了健身或改善心脏功能和代谢,为了预防肥胖,为了增强肌肉,为了松弛精神,缓解压力等,让学生在教师的指导下,全面锻炼身体,促进身心和谐发展。

### (二) 作业形式的多元化

作业形式的设计同样要求丰富多样,富有变换,体现多元化,不能一直采用单一的方法,否则审美疲劳就会随之而生。这提醒教师在进行作业形式设计时,既可以是书写的表现形式,也可以穿插朗读或背诵的形式;既可以是逻辑思辨的过程,也可以穿插形体艺术或语言艺术的表达形式;既可以是一个人独立完成的形式,也可以是采访或与他人合作完成的形式。总之,学习的过程富有变化,才能消解单一形式可能带来的学习负面感受,让学生在兴致盎然中完成作业。

每一位教师都拥有个性化的教学风格,每一门学科也有自身独特的特点,因此不同学科个性迥异的教师总是能够展现富有创造性的、鲜活生动的作业设计,由此引导学生经历丰富的学习体验。这些创意创新呈现出"乱花渐欲迷人眼"的多姿多彩的实践样态。① 具体而言,教师可以设计如下不同类型的学生作业。

1. 课题研究作业

上海初中学生综合素质评价分为四个板块,即品德发展与公民素养、修习课程与学业成绩、身心健康与艺术素养、创新精神与实践能力。② 其中,教师尤其需要关注适应初中学生成长特点的社会考察、探究学习、职业体验等综合实践活动。因此教师经常会设计一些让学生能走向社会,走进自然的实践活动,这样的作业便可以让学生发现身边的值得研究的问题,寻找各种资源进行有意义的研究。借助课题研究导学生在认识社会、适应社会、融入社会的过程中,提高运用正确的观点和方法观察和分析社会实际问题的能力,获得理论联系实际提升人生价值的体验。③ 开展课题研究,既培养了学生实践能力,增长了实践才干,又增强了学生社会责任感。

**案例 3 - 12:**

### 初中道法以课题研究为导向的作业设计

陶蜀琴老师的道法课上展开了以"关注我们的小区环境"为主题的课题研究,并设计了与之课题密切相关的作业,让学生寻找自己所在小区环境建设中存在的问题,提出相应的解决办法。学生需要团队合作,齐心协力,拟定研究方案,包括:课题名称;选题的原因/问题的提出;研究目标/要解决的问题;完成研究的条件;实施步骤(准备阶段、实施阶段、总结阶段);研究方法;成果形式,课题的完成过程需要分工合作,最终撰写课题研究报告,并完成课题研究成果的汇报。

课题研究的目的是让学生了解自己所在小区存在的环境问题,并积极寻找解决环境问题的对策,养成观察生活、勤于思考的习惯,提高辨别是非的能力,养成关注环境的意识,并能通过行动和实践自觉保护环境,增强主人翁的责任意识,经历课题研究的步骤和流程,培养学生适应未来的研究能力。

---

① 叶志青.论问题驱动在阅读教学中的实践[J].中学语文,2021(33):29—31.
② 傅强.基于初中生综合素质评价的博物馆资源开发与项目设计——以钱学森图书馆为例[J].晨刊,2021(05):39—42.
③ 刘文群.初中思想品德课活动教学的实践研究[D].华东师范大学,2010.

2. 个性图表作业

借助图表,可以帮助学生建构对文本总体框架的认知。以视觉形式呈现的组织图是图像与文字的结合,无论是以右脑思考对图像较敏感的学生,还是以左脑思考对文字较敏感的学生,都能根据自己的逻辑思维顺序记录自己的想法,符合学生个性化学习规律。① 图表使抽象的文字概念更具象化,能更好地培养学生逻辑思考能力。初中英语戴晨昊老师设计了一份作业让学生基于课堂中所学内容尝试用构建图表模型来理清故事脉络的作业。

**案例 3-13:**

**六年级英语图表式作业设计**

6B M3U8 中有一篇关于 Typhoon 的小故事,此文故事情节性强,初中英语戴晨昊老师让学生根据自己对故事理解,设计图表,理清文章脉络。当教师收到学生一份份个性图表时,她顿时惊讶了。

有的学生以时间顺序为主脉络,提炼了台风来临前、中、后"before, amongst, after"这三个关键字;在图表纵轴上,选取了在这三个时间阶段,都提及到的事物的相关变化,例如"wind, environment, activity",并分别选取文中的关键字填写。② (见下图)

还有的学生从不同人物的个性角度出发,从文本发展的先后顺序出发,从地点场景的变换出发,从故事的发展出发,设计出了不同类型的个性图表。这些自主设计的图表都很好地剖析文本结构,反映出学生良好的思维品质及个性化思考的特性。

---

① ② 戴晨昊.运用图表提升初中低年级学生英语阅读能力的实践探索[J].上海课程教学研究,2016(10):39—43+69.

戴老师设计的以图表助力文本理解的作业,改变了以往作业的统一模式,而是从尊重学生不同思维角度出发,尊重学生对文本不同角度的分析。

3. 主题实践作业

随着教育越来越重视对学生综合素养的培养,教师在各类作业上也着眼于学生综合素养设计主题式综合实践作业。这类作业主题的确定是从真实生活和发展出发,从生活情景中发现问题,进而转化为主题。实践作业的设计就是为了让学生能从日常、社会生活中获得丰富的经验,形成并逐步提升对自然、社会、自我之间内在关系的认知,培养学生责任担当、价值体认、问题解决、创意物化等方面的意识和能力。① 中小学道德与法治这门学科对学生的综合实践活动有了整体的课程设计,静教院附校具有二十多年教龄的道法陶蜀琴老师每学期都会为学生精心设计各种主题引领下的实践作业。

**案例 3 - 14:**

**六年级道法实践性作业设计**

六年级学生初入校园,对新校园有太多的好奇和向往。道法老师设计让学生开展以"探秘新校园"为主题的调查活动,让他们从不同角度去观察、调查、感悟新校园,并以团队合作的方式一起完成这份实践作业。

学生通过"探秘新校园"主题实践活动,尝试运用自主学习、合作学习、探究学习的方法,依据学校现有的教学资源,包括地理位置、校园文化、师资情况、特色课程等进行探究性学习。这调动了学生学习积极性,同时也培养了学生的团队合作精神和初步的观察能力。

**二、作业布置和批改的多样化**

作业布置强调艺术性和社会性,同样的作业,不同的布置方法,效果大不相同。不同类型作业的布置,用不同策略和方法,能使学生感觉到作业不再是一种负担。从作业布置到作业批改,整个过程都需要教师精心设计。

---

① 朱雅荃,佟德文.历史学科综合实践活动课教学设计与实施过程——以七年级"会说话的青铜器"一课为例[J].辽宁教育,2022(03):84—88.

### (一) 作业布置的多样化

作业布置需要考虑不同学生的能力需求,根据不同学生的学习程度,布置难易度不同的作业,体现分层多样化的要求,以促进不同学生在原有基础上的发展。学生之间的差异在作业方面表现为:对学有余力的学生应适当增加作业的难度,帮助学生达到应该到达的水平;对于学习基础较差,学习能力较弱的学生,应适当减少他们的作业量,特别是一些太难的题目要删除;学校对基础差异比较大的学科,如语文、数学、英语以及理化学科,确定了基础作业、整体作业和荣誉作业三类分层作业。

**案例 3 - 15:**

### 小学数学分层作业设计

数学陈琪老师从学生的实际出发,挖掘问题的多向性,对作业进行了分层、分类设计,形成了拓宽性、开发性、探究性的三类练习。

陈老师根据教学目标在练习中设计了"三星打擂台",一星题为基础作业,也就是本节课中全体学生都要掌握的;二星题为整体作业,可以把本节课的内容与容易混淆的题目综合在一起,达到分清概念的目的;三星题为荣誉作业,为了让好学生更上一步。如完成"长方形和正方形的面积"的教学后,教师设计了如下作业:

☆一块长方形地毯宽是 80 厘米,比长短 50 厘米,这块地毯的面积是多少? 这题的目的是让学生知道求长方形的面积时,条件里长与宽没有直接告知,就要先求出长或宽的长度。

☆☆一块长方形地毯宽是 80 厘米,是长的一半,这块地毯的面积和周长各是多少? 这题的目的是让学生能区分周长与面积。

☆☆☆一个长方形与正方形的面积相等,已知正方形的边长是 6 厘米,长方形的长是 12 厘米,宽是多少厘米? 这题的要求相对较高,要求学生灵活地运用面积公式。因为在以后的教学中还会有这样的例题,所以只要求优等生掌握。学生根据自己的能力选择、挑战会做的题,他们能积极地投入解题,学习积极性高涨。

作业布置的分层做法完全符合新课标"面向全体,因材施教"的理念,基于维果斯基的"最近发展区"理论,让学生通过完成教师布置的符合自己能力水平的作业,收获成功的喜悦,以此促进学生生理和心理的健康发展。

### （二）作业批改的多样化

以作业批改减轻学生负担提升学习质量的方式效果明显,但更重要的是,教师要有足以支持其做法的底蕴,需要精准把握作业与学生。作业批改并非只有单兵作战一种形式,①静教院附校将中小学作业批改当中最复杂的学科,最核心的领域作为突破点,从而影响全校各学科的作业批改。② 作业的精致批改,也要体现多样化。例如:语文学科的作文批改,语文教研组展开的是中高考阅卷般的作文批改研究,大家抽取了多篇作文由组内教师共同批改。经过深度研修,语文组对作文的批改发生了喜人的变化:教师的评语有时候比学生写的作文还要长;出现了大量的作文面批,写作文的次数在减少,学业成绩在不断提高的现象。③

**案例 3 - 16:**

#### 初中语文作文批改

王晓燕老师认为作文的训练不宜过多,完全可以针对同一篇作文精心打磨。王晓燕主张利用作文批改契机和学生进行情感的交流和写作方法的探讨。一篇文章经过"初稿""修改稿"和"定稿"后,大致可以解决结构安排、情节梳理、细节雕琢、词句润色等问题。三稿之后,学生基本懂得了类似作文题目或类似题材的写法。

她用代写式、补写式、批注式、谈心式等批改告诉学生,哪些地方他写得精彩,精彩背后有怎样的写作技巧;哪些地方写得不错,怎样锦上添花;哪里美中不足,如何修改可以更好。"作文批改的情感渗透既要真挚又要无痕,一旦学生体会到成功的愉悦、进步的愉悦,他对写作的热情就会被激发。④

对于涉世未深、单纯可爱的中学生,要写好一篇文章,不仅仅需要老师热情的鼓励和真诚的建议,也需要适合他本人的恰当的方法、切实的技巧。"爱须无痕,教必有方"最能够代表语文教师的心声。

---

①④ 潘晨聪,薛婷彦.静教院附校:作业系统变革下的育人探索[J].上海教育,2019(13):36—39.
②③ 作业控量提质要有制度保障[J].人民教育,2021(Z1):50—51.

### (三) 作业反馈和跟进的层次性

作业反馈是教师根据学生阶段作业或练习的问题,对其进行精准分析,通常会从学生掌握知识的情况、学习能力的发展情况、情感态度以及学习态度、学习兴趣等层次作出反馈。这有利于学生了解自己学习的真实状况,以及学科分项的强弱项。学生可通过教师给出的分析以及学习方法和策略的指导,进行自我完善。

作业跟进有三种形式:一是题目重现,为不同的学生提供诊断。二是错题修改,检查学生不同错误原因。三是指向学生能力提升的题目重构,暴露学生在综合能力中的问题。学生通过解决这些问题,培育学科核心素养,发展高阶思维。

#### 1. 作业反馈的层次性

为了解决共性作业之后所产生的差异,对每一位学生现状进行精准分析后,教师可以设计针对性的作业。静教院附校小学英语楚娟娟老师就是通过给每一位学生的学业发展开出"诊断书",对学生作出最精准的作业反馈。主要分两部分:1. 评价和总结该学生在英语学科三维目标上存在的问题和潜力;2. 针对问题提出改进方案,并对该学生可发展的方向给予点拨。[1]

**案例 3 - 17:**

某同学某学年第二学期期中"学业诊断书"

教师为了对学生的学业作出精准的判断,将某学生期中练习中每个部分的得失分做了分析,形成了一份"学业诊断书",其中第一部分为问题所在,即根据某同学失分情况,分析学生学习现状:1. 语言知识与技能:从你这次考试和这一阶段的学习情况来看,你最薄弱的环节在于单词的发音和音标的认读。音标、单词和根据发音填入所缺字母这样的错误较多。2. 学习策略与方法:从听课习惯来看,大部分时间你都能认真听讲,但是思维性的问题上,你不愿意主动思考,总是等待着别人或老师给你答案。3. 情感态度价值观:你是一个踏实、真诚的好孩子,老师很喜欢你,但是你对英语学习缺乏自信。上课回答问题,声音不够响亮,怕自己发音不好听让别人笑话。你对英语学习也有畏难情绪,不愿意为改变现状做

---

① 楚娟娟.基于三维目标的发展性学业诊断书[J].上海教育,2010(21):61.

一些努力①。

第二部分为温馨小贴士,教师针对问题给出的改进方案。对这位同学教师给出了这样的小贴士:"老师很喜欢你,所以想帮助你。你看看这些方法对你会有帮助吗?如何帮你提高音标的认读呢?建议你把五年级上册和下册已经学过的音标整理出来,写下你不会的音标,每天跟磁带大声地朗读。我每天帮你默写 4 到 5 个。另外,也请你自己把四、五年级的听力部分音标题摘抄写来,老师会每天给你做 8 个左右的听力训练等等。"

基于作业批改的辅导以及针对学生学习中存在的问题,教师需要对作业的跟进做个性化的设计,这是提升作业质量,高教学效能不可或缺的环节。


2. 作业跟进的层次性

在设计、布置、批改作业后还需要重要的跟进。跟进既是对师生的反馈,也是下一次更好地设计作业的开端。目前,静教院附校正在试点的作业跟进研究,分"量"与"质"两种②。

从近年来上海市中小学学业质量绿色指标的测试结果看,坚持全面发展质量观的静教院附校的作业总量得到了很好的控制。因为学校采用了"两个举手制度",一旦学生觉得作业过多,可以举手申请减少;个别学生回家作业完成不了,可以由家长举手申请缓做。作业量与效果不是永远成正比关系,"学生要有一定的作业量,但是超过了量的拐点就没有意义③。

1) 作业跟进——量的控制

静教院附校追求轻负担高质量的作业观,实行"两个举手"制度来控制学生的作业总量。

(1) 第一个举手制度是学习委员"举手"制度。各班学习委员对当天的作业总量有监控的任务,当学习委员认为当天语数外(等其他学科)的作业总量过多,可以立刻"举手"向最后一位布置作业的老师提出减少作业或者当天不做作业的要求④。这个制度解决的是每天学生作业量的不平衡。

(2) 第二个举手制度是家长"举手"制度。这主要是为了克服人与人之间的不平衡。当大部分学生都认为当天作业总量适度,而个别孩子在认真完成作业的前提下,很晚仍无法

---

① ② 潘晨聪,薛婷彦.静教附校:作业系统变革下的育人探索[J].上海教育,2019(13):36—39.
③ ④ 作业控量提质要有制度保障[J].人民教育,2021(Z1):50—51.

完成当天作业的时候,家长可以"举手"向班主任老师电话或短信提出申请,申请当天的作业不能完成或延后完成①。

2) 作业跟进——质的提升

"质"的跟进更复杂,它不是简单的编写错题集。对某一个知识点,有些学生会重复犯错,有时即便犯的是同一个错误,错误的原因也各不相同。如果只是重复和没有针对性地布置跟进作业,只会加重学生的课业负担。

针对犯错人数较少,犯错的原因较单一的作业,教师可以使用原题重现方式,不同的学生需要有不一样的**题目重现**。"跟进增加了学科知识的复现率,可以有效降低学生的犯错率。针对犯同一错误、犯错原因又不同的同学如果只作原题修改,学生看似掌握了知识点,实际的效果却不尽如人意。此时需要增加**错题修改**的跟进作业,可以有效暴露学生同一错误的不同犯错原因。在这类跟进作业的完成过程中,学生不仅找到不同错误的犯错原因,也切实感受到自身英语学习中的短板。同时,在这类针对性极强的错题修改跟进作业的共同解决过程中,学生的学习能力和兴趣都得到了提升。另一种跟进方法是题目重构,解决涉及到操作和理解层面的难点。"②例如,语言学习中,很多时候学生对于单纯的背诵和默写完成得比较好,但碰到实际运用问题,错误率又非常高的问题**题目重构**,可以暴露学生在综合能力中的问题。学生在解决这些问题的过程中,可以培育学科核心素养,发展高阶思维品质。③

作业的跟进,对学生进行个别化辅导,年级不同,学科不同,内容不同,采取的方式不同。无论是以学生自主纠错的方式,或以小组互助纠错的方式,还是以教师面授辅导的方式,其目的都是将学生对相关知识与能力的理解与掌握得以真正落实。

---

① ③ 作业控量提质要有制度保障[J].人民教育,2021(Z1):50—51.
② 潘晨聪,薛婷彦.静教院附校:作业系统变革下的育人探索[J].上海教育,2019(13):36—39.

# 第四章　反映教师命题素养提升的试卷设计

　　《教育部关于全面深化课程改革、落实立德树人根本任务的意见》这一文件中对广大教师提出了新的要求：要"加强考试招生和评价的育人导向""加强考试评价研究"，注重综合考查学生发展情况，各类命题必须评估命题质量，保证考试的导向性、科学性和规范性。考试是日常教学中的一种质量评价和考核的重要手段。只要有教学，就必然会有考试，而有考试，就必然需要命题。命题能够反映出命题人的视野和匠心，能够反映命题教师的综合素养、价值取向和教学理念。命题，绝不只是专家的事，应当是教师基本功的重要组成部分。

　　某区教研室曾对该区 200 名初三教师进行一项问卷调查，结果显示：平时对学生的练习、检测能坚持自己选题、编题进而自主命题的教师不到总数的 10%；许多教师一年下来甚至没有命过一次题。多数教师对学生的练习、检测采用两种途径解决：一是购买市场上现成的教辅材料；二是使用上级业务部门编写的试题。这种"拿来主义"的做法，使设计习题、命制试题对许多老师来说变得越来越陌生，教师命题能力逐渐退化。因此，深化课程改革必须提升教师的命题素养。①

　　在当下的教育改革形势之下，对教师的命题能力提出了许多更高的要求，静教院附校在"轻负担、高质量"办学理念引领下的课堂教学、作业设计等方面研究的基础上，契合上海市教委提出的"如何提高教师的命题能力"的教师研修主题，关注上海中考改革的新方向，以提升教师的命题素养为切入口，进行涵盖各学科命题和跨学科命题的研究，既有对命题本身的研究，也有对试卷命题质量等终结性评价研究，既有质量分析后试卷讲评课设计的研究，也有试卷命题评价后促进教学改进的研究。

---

① 朱郁华.提高教师命题能力的实践探索[J].中小学教师培训,2011(04):56—58.

　　教师命题能力,指教师依据新课程标准和现行新教材,按照各类考试的范围和要求,遵循一定的命题原则,设计出一套题量适中、题目新型、结构合理、内容科学正确、难度适中、有较高检测度和区分度的试题的能力。命题是教学检测的前提,是教学流程中的重要环节,是新课程改革背景下教师教学能力的重要组成部分。①

## 第一节　试卷设计的依据

　　日常教学中,命制试题是每一位教师的必修课,许多地区甚至把命题作为考核(招聘)教师的一个重要指标。"一份试题的质量,能够直接反映出一个教师的知识储备和专业素养。"②命题的过程,是教师进一步分析、研究和深层次把握教材的过程,是排疑解难、拓宽知识面的过程,是深入了解教学实际的过程,因而是一个教学能力大锻炼、大提高的过程。③ 命题能力体现教师的专业水平,因为一份科学、有效的试题不仅体现教师对课标、教材的理解与把握能力,也体现教师对学生的研究深度、对学生学习的了解程度。④ 因此,命题素养是教师专业素养之一。

### 一、试卷设计的依据

　　一份高质量的试卷,既要考查学生的学科知识与能力,还要全面考查学生的学习效果。试卷中不仅有对学生知识运用于解决实际问题能力的考查,还有对培养学生思维能力、创新意识的考查。一份高质量的试卷,既有对题型的要求,试题难度比例的要求,卷面布局的要求,还有对试题设计的科学性及有效性的要求。

### (一) 基于课程标准的试卷设计

　　课程标准中的内容范围是设计试题的依据,其中"科学探究"与"科学知识"同等重要,

① 求苗仁.新课程背景下教师命题能力的培养和提高[J].中小学教师培训,2010(11):35—38.
② 周存军.提升中学教师命题能力的研究[J].中学课程辅导(教师教育),2017(12):85.
③ 求苗仁.新课程背景下教师命题能力的培养和提高[J].中小学教师培训,2010(11):35—38.
④ 朱郁华.提高教师命题能力的实践探索[J].中小学教师培训,2011(04):56—58.

都要进行考查。除信息题外,试题涉及的知识不应该超出课程标准的规定。科学探究题要以学科知识为载体,以事实为依据,以促使教学方式和学习方式的转变为导向,既考查学科知识,又考查学科核心素养。[①]

1. 以课程标准内容为目标。课堂教学的设计是按照课程标准的学科教学目标进行的,试卷设计也一定要按照课程标准,必须与要达到的评价目标相一致。不同阶段,不同学科内容的不同试卷,有过程性练习、总结性考试、常模考试以及选拔考试等。由于不同类型考试的评价内容、评价目标不同,因此设计试卷的目标和要求也不相同。2022年,教育部颁发了各学科新的课程标准,确定了不同考试的不同目标,这也是试卷设计最新的目标依据。

2. 以课堂教学目标为导向。课堂教学目标中的三维目标"知识与技能""过程与方法"以及"情感、态度与价值观"并不是独立存在的,而是融合在一起的。试题设计也应该从这三个维度去全面考查学生。[②] 面向考查知识与技能目标的试题要创设情境,评价学生运用知识与技能解决与生活实际相关的真问题的能力。对过程与方法目标的考核,要侧重考查学生的观察力、提出问题的能力、猜想和假设的能力、处理信息的能力。这个过程也是发展学生对科学的探索兴趣,养成良好的思维习惯。

3. 以科学设计试卷为原则。试卷设计过程既要考虑试卷形式的科学性,又要考虑试题本身的科学性,要依据课程标准各学科的具体内容,要符合学生的思维水平和心理特点,还要适应学生的认知特点和身心发展的需要,尽量避免超过课程标准的要求,避免出辩题和怪题,体现各种题型在考试中的作用。试题应该以事实性材料、科学原理为基础,命题中的素材需要经过一定筛选,保证命题的科学性。

## (二) 基于学生学情的试卷设计

试卷的设计质量会直接影响学生的学习兴趣和成就感,因此,教师在试卷设计的过程中要坚持以教材为依托,以学生熟悉的情景为基础,充分考虑学生的经验基础、发展水平和实际需要,与学生年龄特征及学习背景相适应的生活与学习背景紧密结合。同时,试卷应尽量缩短科学问题与学生生活经历之间的差距,追求两者间更自然而然的融合,以增强学生的思维活力,发挥试题的评价激励和促进功能,帮助学生正确地认识自我,建立信心,有

---

①② 梁启于,蒋嘉宾,陈大斌.中学物理单元测试的编制策略[J].成功(教育),2013(07):66.

效地评价学生的学习水平,促进学生在原有基础上得到发展。①

1. 以学生认知基础为依据

试卷难度的控制一定要基于所任教班级学生的学情,不能单纯地遵循课程标准而应该根据学生对该试卷所涉及考查内容的实际认知情况作一定的调整。另外,一个班级的学生认知基础也不一定完全相同,这就要求教师要根据学生的课堂反映、课后作业的反馈,分析学生的真实学情,以此为依据进行试卷设计。

2. 以生成性问题为着眼点

由于学生的基础不同,同样一节课,用一个教学目标,所产生的结果是不一样的。有的学生能达到目标的要求,有的学生不能,继而会在课内外的练习中产生一些生成性问题,而这些问题往往是教师备课时也没有预设到的,是基于学生课堂学习后的不同认识所产生的。教师可以在试卷设计时将这些有价值的生成性问题作为着眼点,将其设计在提升学生思维的练习中。

3. 以学生差异为设计资源

试卷设计要考虑各方面的问题,其中学生差异,既是要考虑的问题,又是一种可利用的资源。教师要考查学生对知识掌握、能力提升的真正情况,必须先了解学生有哪些不同的理解和不同的想法。这些不同可以作为设计选择题、判断题的资源。只有知己知彼,才能设计出学生认为容易,其实并不容易,既有评价作用,又有更高提升作用的问题。


**(三) 基于社会热点的试卷设计**

试卷设计的素材应体现时代性、生活性、新颖性,而这些素材往往来自生活实际、学习实际,来源于本土资源(本地实际),来源于重大时政热点、社会热点。贯彻"考试即生活"的试卷设计理念,命题需紧密联系学生实际、社会实际、重大热点。试题具有浓郁的地方特色、乡土气息,可以拉近与学生的距离,增强试题的时代性和亲和力,使学生在答题时感到亲切,真正达到"家事、国事、天下事,事事关心"的教育目的。②

---

① 谢小立.三道试题对小学科学试卷设计的启示[J].小学教学参考,2013,(36):81—82.
② 姚穗珍.设计高质量试卷的拙见[J].中学政治教学参考,2012,(Z2):100—101.

1. 时代性

试题要有一定的时代气息,与当今社会的热点问题紧密联系,还要紧密联系学生学习和生活实际,联系生产实际和科技发展前沿,联系自然发展和环境保护等实际问题,让学生在答题的过程中去感受、体会、领悟人与环境、人与社会、人与自然协调发展的关系。①

2. 创新性

在试卷设计中应让学生体会到生活中处处充满了学科知识。教师不能局限于现成的文本,要拓宽思路,扩大视野,通过改编形成有新意、有创意的试题,让学生学以致用,理论联系实际,最终能解决真实的问题。

3. 开放性

不是唯一答案或没有标准答案的试题,就是开放性的试题。开放性试题应该将知识、技能、过程、方法、情感与态度融为一体,要能有力地促进学生综合素质发展、主动发展和可持续发展,促进学生关键能力的提升②。

## 二、试卷设计的合理

在试卷设计的过程中,设计合理是最为基础的要求。试卷的内容、范围、深度均符合教学大纲的有关规定;试卷结构在题型、题量、难度等方面分配合理;评分标准简单、准确,便于把握。③

### (一) 框架结构的合理

在试卷的整体构思过程中,命题者需要精心设计命题的基本思路,确定其基本宗旨,这是试卷命制的关键和逻辑起点。同时,命题者需要准确确定试卷所涉及的知识考查点、考查的能力范围、试卷的难度结构。也就是说,在命制试题的过程中,命题者需要精心设计试卷的显性结构与隐性结构,前者是指试卷的框架结构与题型结构,后者是指试卷的知识结

① 蔡万明.浅谈初中物理教师编写原创题[J].物理教学,2011,33(02):36+55.
② 王玉德.浅谈新课程考试的命题要求——从教师不接受统考结果说起[J].教育革新,2006(4):1.
③ 黄倩雪,黄景贲,陈长全.基于高职院校实践教学考试改革与管理研究[J].科学中国人,2015(4X):
　2.

构、能力结构、难度结构以及情感结构。其中,试卷的知识结构是试卷内在结构中最基础的组成部分。描述试卷知识结构的工具通常采用知识双向细目表。试卷的能力结构是指试卷所涉及的学科能力的类别及其各自比重、要求等。而试卷的难度结构的安排与设置必须科学合理,必须有效服务于测试的性质和目标。而试卷的情感结构则是指试卷所考查的心理成分、情感态度成分及其在试卷中的具体表现。①

## (二) 题目设计的合理

试卷设计过程中,试题选择的合理性是至关重要的。题型是呈现考试要求的试题格式形态,不同题型的考查功能往往不尽相同。题型的选择直接影响考试的信度和效度,用选择题考查学生的写作能力显然是不行的。我们要根据考试类型、目标和要求来选择考试题型。例如,英语的综合性测试,要同时考查多方面的知识和技能,则用听写、完形填空、作文等题型;主观测试主要考查学生的产出能力,一般采用作文、简述题、翻译题等。而客观测试要求打钩、画圈,常用多项选择题和是非题。②

### 1. 全面性

试卷设计时,要根据试卷的不同类型,考虑考查内容的覆盖面以及考查点的合理分布。中小学阶段研究的试卷有单课时巩固练习、阶段性单元练习、期中练习、期末练习以及专题练习、中考模拟练习等。根据学段要求,考查阶段所涉及的学科内容,试卷要尽可能覆盖教学的各个方面,全面测试学生的学科能力与水平。

### 2. 适量性

试卷的总量要适当,要让学生有较充裕的时间来完成试题的解答,并留有一定的检查时间,使学生不至于因题量过大,完成时间不够而造成思想紧张、笔误、书写不规范等问题。一般认为,教师做题时间和学生做题时间的比例可控制在五比二或三比一。

### 3. 适度性

试卷题目的难度比例、考查深度要符合课程标准的要求。不同目的的考试,试卷设计的具体要求也是不尽相同的。教师自编课堂练习,其目的不是要拉开学生成绩的档次,而

---

① 孔凡哲,马云鹏.试卷质量的影响因素与质量分析指标体系[J].教育测量与评价(理论版),2009,(04):41—44+47.

② 付艳.谈英语试卷设计的方法[J].辽宁工学院学报(社会科学版),2002,(05):68—69.

是以取得教学反馈信息为主,同时也为评定学生的学习过程提供一定依据或参考。

4. 独立性

试卷中各道试题间要有相对独立性,不能有构成对其他试题提供正确答案的线索,不能出现有答案暗示或引导答案线索的试题。

### (三) 能力考核的合理

试卷究竟是考核学生的记忆能力还是分析能力是很多老师出卷子时没有考虑或不愿考虑的问题。有些老师出的卷子开始是几个名词解释,然后简答题、问答题一字排开。学生埋头死记硬写。这就完全违背了考试的初衷。

前面说过,考试的目的是考查学生掌握基本知识点的程度。这个基本知识点不一定要通过名词解释这种单调的题型来体现,不妨多通过选择题、判断题来实施。如何考查学生的运用知识能力,是一门学问,所谓"授人以鱼不如授人以渔"。在出简答题和问答题这种比较大型的题目时我的经验是"搭好通道",也就是尽量给出一些必要的知识铺垫,比如图形、曲线、公式等,凡是需要记忆的东西都给出,接下来就看学生自己的能力了。①

教育政策、教师专业发展、教育实践对教师的命题与评价能力提出了相应的要求,这体现了教师教学评价能力的重要性。然而在课程改革深化发展的今天,教师的教学评价能力仍面临众多问题:观念不清,知识不足,技能欠缺。分析这些问题,原因主要有这样几方面:一是教师自身思想上不重视,认识上有误区;二是学校对教师的教学管理不到位;三是缺乏专业知识指导和专家引领,大多数老师在职前没有接受过系统的测试学训练,职后又缺少专业指导。②

### 三、试卷设计的保障

静教院附校在提升教师命题素养的实践中,每学期有一次以面对面的方式命题,也就是备课组内的命题,通常是期中考试,其目的是备课组根据教学任务完成情况,进行试题的设计及试卷的设计。这样的面对面命题有利于促进教师间命题的研究,从而提升教师自身

① 周冬.如何出一份好的试卷[J].职业技术,2008,(10):148.
② 王凝.教师教学评价能力提升的诉求、问题与对策[J].基础教育研究,2016(09):15—18.

的命题素养。每学期的期末练习则通过背对背的方式命题,也就是出题者可能是其他年级的备课组,也可能是校命题小组的核心人员,还有可能是聘请外区的学科专家。这样命题的目的是借鉴和学习,教师使用他人命题的试卷后,经过教研组研修,寻找值得借鉴的命题思路和值得学习的命题方法策略。

### (一) 试卷设计的专题研修

教师的命题体现在日常教育教学的各个方面,静教院附校把专题研修作为落实教师完成试卷设计任务并不断完善的主阵地,这是一项能真正反映出教师命题素养的综合任务。教师不仅要对本学段的学科知识体系、不同年级知识难度系数的不同以及学科性较强的题型进行研究,还要关注一份试卷中各知识点的占比。同时教师还要对本校使用该试卷的学生做精细的分析,确定一份试卷的难度系数,不能过难,也不能过易。

学校会开展不同专题的研修,通过专家对全校全员的培训,指导教师制定不同学科的双向细目表,解读双向细目表所涉及的不同维度的对学科知识的能力要求。但仅仅只有专家指导,教师并不能将理念完全转化为自己的教学行为。因此,学校要将教研组研修、备课组研修作为常态化的研修机制,进行学科针对性强、多维度、多内容,多主题、多形式的研修,为教师教育理念的更新,教育行为的转变提供强有力的帮助。教师在既有专家引领,又有同伴互助的形势下,能够自己独立或者合作完成试卷设计。

静教院附校就此形成了专家引领、同伴互助、自我反思的专题研修机制,随着教育现代化的不断推进,我们充分利用了校本研修的平台,打破了研修时间和空间的限制。

### (二) 试卷设计的规范要求

静教院附校教导处为规范试卷的设计,对试卷设计的各个环节作了详细的要求说明。

1. 每次命题都要经过三个步骤,以保障命题的科学和准确。三个步骤分别为:

(1) 备课组制定试卷详细要求(命题范围,试卷的期望值、试卷完成时间,试卷总量及特殊题型要求)

(2) 命题者制定双向细目表、试卷、答题卷和评分细则。

(3) 试卷复核者仔细核对试卷的规范,布局的合理、知识点的覆盖面及难度的把握。

2. 教务处人员对试卷的排版和标题做出审核。

3. 试卷使用之后,根据命题试卷的质量给予命题者一定的绩效奖励。

4. 对于期中期末类综合考试,教务处对试卷期望值及实际试卷的年级均分作出分析,评价命题者。每位任课教师对自己班级作出详细的试卷质量分析,并填写《质量分析表》,用于教学的改进。

5. 基于试卷质量分析,教师要进行试卷讲评课的教学设计。

### (三) 试卷设计的多元评价

静教院附校关于提升教师命题素养的研究,紧紧抓住了命题的核心领域——试卷设计。借助专家引领、同伴互助、自我反思的校本研修模式对教师的试卷设计能力进行培训,并提供机会让教师不断在实践中提升该能力。每学期的寒暑假,学校都会布置一份教师的假期作业——设计一份综合试卷。教师在独立命题的过程中,进一步提升命题素养。

对一份试卷的评价既有教师个人命题后的反思(即自我评价),也有教研组内组员之间的学科讨论(即组内互评),也有学校聘请的外区学科专家的专业评价。专家们会借助静教院附校在命题研究中设计出的评价工具(见下表)对每张试卷设计做出不同维度不同指标的量化评价,也会对试卷不足以及闪光点作出描述性的评价。教研组再根据专家评价结果,个性化地对组内教师的命题进行分析及指导,以此提升整个教研组的命题素养。

表 4-1　静教院附校教师试卷设计评比表

试卷编号:_____　总分:_____

| 维度 | 评比指标 | 分值 | 得分 |
|---|---|---|---|
| 设计的依据 | 基于课程标准(关注学科) | 30 | |
| | 基于学生情况(关注学生) | 20 | |
| | 基于社会热点(关注社会) | 10 | |
| 设计的要素 | 框架结构的合理 | 10 | |
| | 题型选择的合理 | 10 | |
| | 考核内容的合理 | 10 | |
| | 能力考核的合理 | 10 | |
| 该试卷突出问题: | | | |
| 该试卷闪光点: | | | |

编试题，出试卷，这本应是教师的本行，是教师能力结构的重要组成部分，是教学的重要环节。教师的命题水平应随着知识与经验的积累以及频繁考试的磨砺，水涨船高，驾轻就熟，甚至炉火纯青。① 但事实上，教师的命题能力和素养却差强人意，亟须补充这些知识和技能。

## 第二节　试卷使用的综合分析

基于对教师命题能力的全面调研，精准聚焦命题素养提升的难点，确定以最综合、最复杂、最敏感的试卷设计的突破，提升教师命题素养，带动教学活动中的课堂练习、课后作业、各类试卷等命题设计研究。

### 一、试卷分析提升命题能力

试卷分析不仅可以对试卷和考试作出恰当的评价，提高教师的命题能力，也有助于教师充分获得考试提供的教学反馈信息，促进我们对教学过程的反思，从而为改进教学提供依据。考试是教学过程中不可缺少的组成部分，是对教和学的质量检验。对于考试的结果，教师有必要进行认真的研究和分析。考试结果可以反馈出大量的信息，可以反映出整个教学过程的得失，反映出各个教学环节的情况，反映出学生的基础和能力状况，反映出学生的学习特点和规律。分析这些信息，能引起我们的很多思考，可以形成一些认识，提出一些观点和建议。②

试卷分析要从试卷的题型开始，哪些题型是学生已经见过，哪类题型学生初次见面，哪些题型是考查基本知识和基本技能的，哪些内容为考查的重点，所占分值较大。

---

① 求苗仁. 新课程背景下教师命题能力的培养和提高[J]. 中小学教师培训，2010(11)：35—38.
② 刘军伟. 让学生写试卷分析[J]. 新课程：下，2011(3)：1.

**案例 4-1：**

**四年级第一学期数学期末练习分析**

(一) 得分率较低题目的原因分析：

1. 第一部分计算掌握中第 3 题列综合式计算第(3)小题

(3) 根据树状算图，列综合式计算。

本题年级得分率为 46.88%。

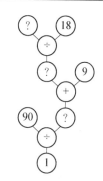

原因分析：我区教研员分析教材时表示树状图没有框图好，对后续学习帮助不大，所以我们仅在教学时完成了相应练习，没有多加练习，复习阶段也没有复习到，且这个树状算图是逆推，又是求除数，是学生最容易错的，因此得分率较低。

2. 第三部分概念理解中选择题第 4 题

(4) 右图是由 3 个同样大小的圆组成的，它的对称轴(　　)。

A. 没有

B. 有 1 条

C. 有 3 条

D. 有无数条

本题年级得分率为 46.05%。

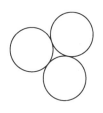

原因分析：学生只找到 1 条对称轴。学生之前学过了正方形、长方形、等边三角形和等腰三角形这些基本图形的特征，知道它们有几条对称轴，本学期新学习了圆，知道圆是轴对称图形，有无数条对称轴，这一题把这两学期所学的内容结合起来了，比较灵活和综合，对学生来说有一定难度。

(二) 该试卷中哪些题目值得学习：

1. 第三部分概念理解中选择题第 4 题

(4) 右图是由 3 个同样大小的圆组成的，它的对称轴(　　)。

A. 没有　　　　　　　　B. 有 1 条

C. 有 3 条　　　　　　　D. 有无数条

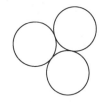

本题虽然年级得分率不够高，但是题目本身具有一定的灵活性，考察了学生综合运用所学知识解决问题的能力，这也是我们一直在努力追求的方向。

2. 第三部分概念理解中选择题第 5 题

(5) 下图中∠EOF 的度数是(　　)。

A. 130°

B. 105°

C. 55°

D. 75°

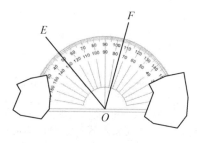

本题的年级得分率为 89.4%。题目本身也比较灵活，学生只有真正理解了量角的方法后才能正确解答，但相对来说学生本题做得还是比较好的，说明平时的教学比较扎实。

案例 4 - 2：

## 三年级第一学期英语期末练习分析

（一）得分率较低题目的原因分析：

Part I　Listening

VI. Judge and write

（　　）5. The insects are small and lovely.

文章中提到了"The insects are lovely."但是题面信息是："The insects are small and lovely."
文章和题面信息有细微的差异。学生根据已有知识来进行判断，所以选了 T。

Part III　Reading and writing

I. Read and judge

（　　）3. There is a dog on the farm.

文章中提到了"Look at the big dogs at the gate."但是题面信息是："There is a dog on the
farm."有些孩子觉得 big dogs 和 There is a dog 并不冲突，所以选了 T。

---

（二）该试卷中哪些题目值得学习：

Part II

II. Read and write

这题需要学生结合语境，考查了他们对同类词知识、单词拼写、复数形式等多层面知识，考查
的语言知识点很全面。

Part II

VII. Answer the questions

全面考查了学生的读图能力、书写习惯和回答问题的能力。

---

（三）该试卷中哪些题目需要商榷：

Part I　Listening

VI. Judge and write

（　　）5. The insects are small and lovely.

学生的生活经验和课本中对于"insects"的诠释都是"small"，文章中虽没有提到昆虫的大小，
但孩子一般会根据书本学习过的知识点进行判断。此题需要考查孩子哪方面的能力不够
明确。

---

（四）该试卷中哪些题目需要基于学情作如下修改：

Part III　Reading and writing

I. Read and judge

（　　）3. There is a dog on the farm.

可以改成：

（　　）There are no hens on the farm.

这样，题面信息与文本相冲突，答案就没有歧义了。

案例 4－3：

## 三年级第一学期语文期末练习分析

(一)得分率较低题目的原因分析:

1. 基础部分:

(1)你的同桌因一次考试得第一名而沾沾自喜,对待学习越来越马虎,你该如何劝他?请选择最恰当的语句,把它的字母填入括号内。(　　)

A. 对骄傲的人不要谦逊,对谦逊的人不要骄傲。　　B. 智慧是倒不了的山,知识是挖不尽的矿。

C. 知识是一种快乐,而好奇则是知识的萌芽。　　D. 人要有毅力,否则将一事无成。

错误原因:对情境所表达的意思理解不正确,所以没有找到匹配的名言。

2. 判断下列句子的说法是否正确,对的在括号里打"√",错的打"×"。

(1)"若隐若现"中的"若"和"欣喜若狂"中的"若"意思相同。　　　　　　(　　)

(2)出现"月食"现象,是因为地球转到月亮背着太阳的一面,太阳光照不到月亮上。(　　)

错误原因:第一题对字义的理解不精准。第二题部分同学读题不仔细,部分同学对月食形成的原因不理解,从而导致判断错误。

3. 阅读部分:读句子,联系上下文完成填空。

可是,小羚羊的脑海里出现了小时候看到的那一幕,脚步不由得放慢了……

(1)小羚羊脑海里出现的"那一幕"指的是_____。

错误原因:对"那一幕"的理解有误,部分学生句子表达不完整。

(2)简答:读了小羚羊的悲剧故事,我们可以从中获得一些启示。如果遇到强劲对手,你认为该如何面对呢?

错误原因:部分学生依然就事论事,从小羚羊出发,没有提炼中心,未写到我们自己应该怎么做。

(二)该试卷中哪些题目值得学习:

1. 下列词语中有一个词与其他三个不是同一类,请把它选出来,并将字母填入括号内。

(1)A. 日积月累　B. 半信半疑　C. 面红耳赤　D. 风平浪静　(　　)

(2)A. 北风呼啸　B. 春风送暖　C. 倾盆大雨　D. 凉风习习　(　　)

2. 选择正确的字词填在横线上。

(1)你只要仔细观察,就会分_____(辨、辩、辫)出这几个字的差别。

(2)弟弟为了逃_____(僻、避、壁)惩罚,假装肚子疼。

(3)船开远了,汽笛声小了,我们的城市又恢复了_____(宁静、镇静、沉静)。

(4)春天来了,树林里响起了鸟儿_____(清凉、清亮、青翠)的歌声。

分析:这些题目,特别是第四题考查了学生对词语真正的理解。

(三)该试卷中哪些题目需要商榷:

1. 根据要求把句子补充完整。

(1)这个精美的礼物不是我自己花钱买的,而是_____。

分析:学生产生了相异构想,没有理解礼物要么是别人送的,要么是送给别人的,许多小朋友都写到了生日时谁送的。此题最佳答案应该是"我自己亲手做的"或者"某人花钱买的"。如果把礼物改成一件具体的物品,如:八音盒。

(四)该试卷中哪些题目需要基于学情做如下修改:

整张卷子覆盖了三年级上的知识点,从音、形、义对学生进行了考查,注重学生思维和阅读习惯,写作内容难易适中,给了学生选择的空间,能让孩子的个性表达。

## 二、质量分析指向教学改进

试卷设计的综合使用需要对题目进行精细的分析,不同学科不同目标所设计出来的题目也不相同,教师要思考怎样的题目才能直指教学的重难点,直指教学目标的达成,直指学生关键能力的培育。只有命好题才能真正提升教师的命题素养。因此,试卷分析对提升教师的命题素养有很大的帮助。每一种不同类型的试卷,题型和试卷的难度等都不相同。如何将试卷分析做得淋漓尽致,反映出命题的重要性。

精准的质量分析有利于教师对命题的研究,更有利于自己的教学改进,因此,试卷分析必须要从学生个体、班级、教师等维度展开,通过数据的收集、归纳及分析,找寻学生的差异之处。教师通过对每一题学生完成情况的分析,反思教学中存在的教与学的问题。每一份试卷完成后的质量分析,可以帮助教师总结教学经验,也能让他们通过学生的错误寻找教学中存在问题,并根据分析制订教学改进的对策和方法。

**案例 4 - 4:**

### 九年级化学综合练习

| 均分 | 优秀率(>=90) | | 优良率(>=80) | | 合格率(>=60) | | 极差率(<=40) | |
|------|------|------|------|------|------|------|------|------|
| | 人数 | 占比 | 人数 | 占比 | 人数 | 占比 | 人数 | 占比 |
| 50.11 | 9 | 25.0% | 29 | 80.60% | 36 | 100.00% | 0 | 0 |

| 得分率 | 错题举例及失分原因 | 反映的教与学问题 |
|--------|--------|--------|
| 75.0% | 45. 分别把下列各组中的物质加入水中,最终可能得到无色、澄清溶液的是( )。<br>A. $Na_2CO_3$、$Ca(OH)_2$、HCl<br>B. $KNO_3$、$FeCl_3$、HCl<br>C. $AgNO_3$、HCl、$HNO_3$<br>D. $Ba(NO_3)_2$、$Na_2CO_3$、$H_2SO_4$<br>($FeCl_3$ 溶液呈棕黄色,学生不熟练) | 分析学生失分的原因<br>① 学生审题不清引起的;<br>② 学生粗心引起的;<br>③ 学生知识没有落实到位;<br>④ 深度理解有问题,只知所然不知其所以然; |
| 69.4% | 46. 向含 $CuCl_2$ 和 HCl 混合溶液 100 g 中,逐滴加入溶质质量分数为 $10\%$ NaOH 的溶液,参加反应的 NaOH 溶液质量与生成沉淀物质的量关系如下图所示,则下列说法正确的是( )。 | |

| 得分率 | 错题举例及失分原因 | 反映的教与学问题 |
|---|---|---|
| | $n[Cu(OH)_2]/mol$ 图像<br><br>A. $P$ 点溶液中的溶质只有一种<br>B. $M$ 点溶液和 $P$ 点溶液中溶质的质量相同<br>C. 整个反应过程中,溶质的物质的量不变<br>D. 沉淀完全时,m1 的数值为 120 | ⑤ 理化合卷让学生在时间分配上不能很好应对,对某些问题没有充分时间分析思考。教学中有些错误学生能够自己修正,有些错误需通过合作学习予以解决,而有些疑难问题需要教师设计脚手架帮助学生暴露相异构想共同解决。教学中在知识的回顾与关联上还存在欠缺,需要进一步提升。 |
| 61.10% | (图像的分析是难点,学生本身就感到困难,其中的选项掺杂了计算,难度更高)<br><br>溶解度(g/100 g水)图像<br><br>48. ② 气体的溶解度也有一定的变化规律。不同温度下,氧气的溶解度随压强变化如右图所示,图中 $t_1$ 对应的温度为40℃,则 $t_2$ 对应的温度<br>A. 小于40℃　　B. 等于40℃<br>C. 大于40℃　　D. 无法确定<br>(气体溶解度随温度及压强的影响规律,部分学生遗忘,还有部分同学不能读懂图像) | |
| 50% | 50. ② 采取D装置(向上排气集气法),并用带火星木条验满,这说明氧气具有_____。(本题既要答到氧气密度比空气大,还要答到具有助燃性,学生审题不清,没有答全) | |
| 55.60% | 51 ① 量取蒸馏水体积时,若仰视读数,则会导致硫酸溶质质量分数_____10%(填">""<"、"=")。<br>(学生对量筒读数引起的误差没能很好掌握,不明确仰视水会量取偏多,从而引起质量分数小于10%) | |
| 77.8%<br>22.2% | ② 铁丝与稀硫酸反应一段时间后剩余的溶液中,可能含有的溶质是(8人失分,得分率 77.8%),为了确定可能含有的溶质,可加入(29人失分,得分率 22.2%)(填选项序号)<br>A. 铁　B. 氯化钡溶液　C. 氯化钠溶液　D. 氢氧化铜<br>(检验溶液呈现酸性很多学生只考虑到可以用铁,没有考虑到用氢氧化铜进行检验) | |

| 得分率 | 错题举例及失分原因 | 反映的教与学问题 |
|---|---|---|
| 11.10%<br>58.30%<br>75.03% | 52. 实验室有一瓶长期露置于空气中的氢氧化钠溶液,确认已变质。某学习小组展开如下探究,确定该溶液的成分,并进一步制定回收方案。<br>【问题1】久置的氢氧化钠溶液是全部变质,还是部分变质?<br>【探究1】确定该溶液中溶质的成分。<br><br>取少量溶液于试管中,向溶液中滴加(32人失分,得分率11.10%)溶液,并不断振荡。<br>(只考虑加入的试剂,没有考虑加入的量)<br>回收纯净的氢氧化钠固体<br>试剂 x 的化学式(9人失分,得分率58.30%);<br>系列操作 z 中②操作名称为(15人失分,得分率75.03%)<br>(学生对结晶的方法,特别是降温结晶的过程不是很能理解,造成失分现象严重) | |
| 8.3%<br>41.7% | Ⅲ. 探究1中的物质检验和探究2中的除杂提纯都将碳酸钠进行了转化,但二者目的不同,分别是(33人失分,得分率8.3%)、(21人失分,得分率41.7%)。<br>(学生对题目没有理解透彻,都是除杂,一个是除去杂质防止对另一种物质的检验的干扰,一个是回收产品,需要将杂质转化为产品。由于原理不同,滴加的药品有所不同。这道题只有理解原理才能够准确应答。) | |

对试卷进行精准分析后,发现学生在理解与分析上还存在欠缺,知其然不知其所以然,因此在需要深层理解的问题上失分严重。因此后面的教学教师要重点放在方法的归纳以及提高学生对知识的深度理解上,针对不同层次的学生设计不同的问题,搭设不同的脚手架帮助学生认知理解。同时建立学生个人档案,找出每一位学生的个性问题,有针对性地进行个性化辅导,争取教学效益的更大化。

### 三、基于试卷分析的讲评课

教师的教学问题,往往能从学生的试卷中直接反映出来。同样在一个班级上课的学生,为什么有的人会,有的人不会,有的人错在这题,有的人错在那题。就算是错在同一题,错误的原因还有可能不同。因此,试卷分析的讲评课尤为重要,它不是简单地再讲一遍,而是有针对性,有目的地分析与讲解。

**案例 4-5:**

## 九年级数学综合卷试卷质量分析

**试卷学情分析**

1. 试卷总体分析

本卷九(2)均分 135.39 分,中位数为 137 分,最高分 150 分,最低分 109 分。

2. 试卷分类分析

| 知识板块 | 题号与知识点 | 审题错误 | 概念错误 | 方法错误 | 计算错误 | 错误总计 |
|---|---|---|---|---|---|---|
| 数与式 | 1 最简根式 | | | | | |
| | 2 代数式 | | | | 2 | 2 |
| | 7 负指数幂计算 | | | | | |
| | 8 分解因式 | | | | | |
| 方程不等式 | 3 一元二次方程根的情况 | | | | | |
| | 9 解无理方程 | | | | | |
| | 10 函数定义域 | 1 | | | | 1 |
| | 20 不等式组整数解 | 2 | | | 2 | 4 |
| | 22 二元二次方程应用 | | 5 | 1 | 1 | 7 |
| 函数 | 16 一次函数 | | | | | |
| | 21 反比例函数、一次函数 | | | 2 | 3 | 5 |
| | 24 二次函数 | 1 | | | 1 | 2 |
| 三角形 | 6 三角形的内心 | 3 | 3 | | | 6 |
| | 13 直角三角形 | 1 | | | | 1 |
| | 17 三角比 | | | 4 | | 4 |
| | 23(2) 比例线段 | | | 3 | 3 | 6 |

续　表

| 知识板块 | 题号与知识点 | 审题错误 | 概念错误 | 方法错误 | 计算错误 | 错误总计 |
|---|---|---|---|---|---|---|
| | 24(2) 三角形的面积 | | | 12 | 1 | 13 |
| | 25(1) 相似三角形 | | | 2 | | 2 |
| | 25(3) 三角比 | | | 20 | 3 | 23 |
| 四边形 | 5 对称图形 | | | | | |
| | 14 梯形中位线 | 3 | | | 2 | 5 |
| | 23(1) 梯形 | | | 2 | | 2 |
| 圆 | 18 圆与圆的位置关系 | 4 | 3 | 13 | 4 | 24 |
| | 25(2) 求圆中相关知识 | 2 | | 12 | 2 | 16 |
| 统计概率向量 | 4 统计中位数 | | | | | |
| | 11 统计标准差 | | 3 | 3 | 5 | 11 |
| | 12 概率 | | 1 | 2 | | 3 |
| | 15 向量 | | | | 2 | 2 |
| 总计 | | | | | | |

## 九年级数学综合卷试卷讲评课教学设计

静教院附校　李贞

**1. 试卷综述**

从这张试卷的失分来看,九(2)班学生对于基础知识掌握比较好,总体上选择题、填空题错误较少,主要问题是审题错误和计算错误。错误比较集中的题目有第11、18、24(2)、25(2)(3)题,这四道题的错误主要是方法的运用错误,难点在于学生分析问题时不能很好地抓住重点和关键,当需要综合运用多个知识点时往往顾此失彼。

**2. 学习内容分析**

1) 学生典型错误有:11题除了计算错误外,学生在计算方差时没有考虑数据个数;18题无从入手;24(2)题不会利用设点坐标表示线段长,从而构建等量关系求坐标;25(2)题不能合理地分类讨论并能画出图形;25(3)对于一般情况下图中线段的等量关系不明确。

2) 学生的个性错误:主要是概念错误和审题错误。

3. 教学目标

(1) 通过独立学习与小组合作学习解决试卷中出现的概念错误、计算错误及审题错误等问题;

(2) 进一步总结归纳求点坐标的方法,知道求点坐标方法的逻辑顺序;

(3) 会合理地进行分类讨论,并把较难的问题转化为简单问题。

4. 重点、难点

(1) 解决基本知识、基本方法;

(2) 求点坐标的方法,求点坐标方法的逻辑顺序;

5. 教学过程

**环节一:独立订正自己能订正的题目(5 分钟)**

学生订正的同时在试卷上写出错误原因(如审题错误,没看懂哪个词,哪句话;计算错误,什么类型的计算;概念错误,什么概念;方法错误,应该用什么方法)

教师巡视批改

**环节二:小组合作解决组内同伴试卷上的错误(10 分钟)**

小组交流时,说明:

(1) 这道题错误的原因是什么?

(2) 你认为解决这道题最佳方法是什么?

教师巡视参与讨论

**环节三:大组交流解决第 18、24(2)、25(3)题(15 分钟)**

全班同学共同讨论交流解决问题的方法,并进行归纳概括。

利用实物投影仪,学生上台交流不同方法,教师适当指导。

**环节四:**

1. 方法归纳反馈练习(2 分钟)

为掌握某作物种子的发芽情况,可随机取出 100 粒种子,在适宜的温度下做发芽天数的试验,如果试验的结果如表所示

| 天数 | 第 1 天 | 第 2 天 | 第 3 天 | 第 4 天 |
|---|---|---|---|---|
| 发芽数(粒) | 15 | 45 | 35 | 5 |

这 100 粒种子发芽天数的中位数是_____,标准差是_____。

2. 能力提高反馈练习(8 分钟)

已知:如图,把两个全等的 Rt△AOB 和 Rt△COD 分别置于平面直角坐标系中,使直角边 OB、OD 在 $x$ 轴上。已知点 A(1,2),过 A、C 两点的直线分别交 $x$ 轴、$y$ 轴于点 E、F。抛物线 $y = ax^2 + bx + c$ 经过 O、A、C 三点。

(1) 求该抛物线的表达式,并写出该抛物线的对称轴和顶点坐标;

(2) 点 P 为线段 OC 上一个动点,过点 P 作 $y$ 轴的平行线交抛物线于点 M,交 $x$ 轴于点 N,问是否存在这样的点 P,使得四边形 ABPM 为等腰梯形? 若存在,求出此时点 P 的坐标;若不存在,请说明理由.

小结:通过本次考试和试卷分析,你哪些地方有提高? 还有哪些疑问?

作业:补充题

**课后反思:**

本次试卷讲评课共一课时,在课堂上主要分三步进行纠错解疑,对于方法的总结和归纳,不同层次的学生有不同的要求。

案例 4-6:

## 八年级语文综合卷

### 试卷学情分析

| 班级　八(5)班 | | 学科　语文 | | 教师　陈美 | | | |
|---|---|---|---|---|---|---|---|
| 均分 | 优秀率(≫=90) | | 优良率(≫=80) | | 合格率(≫=60) | | 极差率(≪=40) | |
| | 人数 | 占比 | 人数 | 占比 | 人数 | 占比 | 人数 | 占比 |
| 79.26 | 0 | 0 | 17 | 50% | 34 | 100% | 0 | 0 |

| 题号 | 得分率 | 错题举例及失分原因 | 反映的教与学问题 |
|---|---|---|---|
| 1—10 | 99.41% | "朔气传金柝""万户侯"两字错写。前后句子颠倒。 | 由于检测内容过多,会造成串句的现象;部分学生书写不端正 |
| 11 | 99.71% | 文学常识,唐宋八大家,一个学生扣分 | |

| 题号 | 得分率 | 错题举例及失分原因 | 反映的教与学问题 |
|---|---|---|---|
| 12 | 98.05% | 1. 巢谷与世人的对比,一位学生错。<br>2. 巢谷的优良品性,概括不到位。 | 题干未看清,直接贴标签,又欠完整。 |
| 13 | 60.26% | 下列语句中最能反映出"巢谷非今世人,古之人也"的是( )· · ·<br>A. 谷从之至新,遂病死。B. 闻者皆笑其狂。C. 时谷年七十有三矣,瘦瘠多病,非复昔日元修矣。D. 既见,握手相泣,已而道平生,逾月不厌。 | 表现与品质不能匹配 |
| 14 | 90.26% | 或:有人 | 实词解释欠扎实,迁移能力弱 |
| | 37.25% | 数:屡次。副词,翻译成量词了 | |
| 15 | 75.69% | 一词多义,不能判断在不同语境下的意思。 | 积累、迁移不够 |
| 16 | 80.35% | 5个学生翻译句子时,没有补全主语 | |
| 17 | 56.08% | 导致"周人"可悲结局的自身原因是什么?3位同学零分,22位同学概括不全(没有明确的目标,追名逐利,急功近利)。 | 不能联系全文读懂文章内容。 |
| 18 | 73.33% | 用疑问句式引起读者思考,激发阅读兴趣,并自然引出本文说明对象,同时暗示了核辐射和我们生活密切相关的特点。 | 答题的时候没有注意标题与文章内容的关系 |
| 19 | 85.5% | ① 运用于医学领域来诊疗疾病;<br>② 对食品采用辐照技术达到杀虫、杀菌、抑制生理过程、保鲜的目的;<br>③ 利用核辐射育种培育出新品种。 | 学生对说明文信息的筛选、概括能力,还有待提高。 |
| 20 | 71.76% | 举例子/具体清楚地说明了宇宙间放射性物质有很多,但所产生的核辐射对于人类而言危害都不太大。 | 没有联系前文回答,审题不清 |
| 21 | 96.24% | 1位同学选错 | |
| 22 | 66.67% | 大部分学生只能根据文意回答出一层意思,另一层意思只有4个学生考虑到。<br>有一定可信度。因为核辐射既然能诱发植物的种子发生基因突变,那么,也同样有可能诱发动物发生基因突变;何况切尔诺贝利辐射物泄漏强度大,诱发基因突变的可能性就更大。(4分) | 对文章的理解有时候来自生活体验 |
| 23 | 98.56% | 涉世未深、不翼而飞,根据拼音写汉字,一学生错一空。 | |

续　表

| 题号 | 得分率 | 错题举例及失分原因 | 反映的教与学问题 |
|---|---|---|---|
| 24 | 28.24% | 21位学生零分。不知道"不期然"的"期"的意思,遗忘程度严重。<br>约定,约好。《陈太丘与友期》 | 实词解释欠扎实。 |
| 25 | 54.12% | ① 他吃饭无钱付账时,服务员姐姐原谅并关心他,其他好心人帮助了他。<br>② 他无钱买回程票时,一位阿姨给他买票和食品并送他上车。<br>③ 他离家出走,父母一路跟着并拜托别人帮助他,还悄悄丢下200元钱给他。 | 概括不够简洁 |
| 26 | 91.98% | 世界上的好心人,还是很多很多的。(意思相近即可) | 审题不仔细,没有根据前文的内容概括,自己联系实际来写,语言不简练。 |
| 27 | 82.75% | 分不清神态描写和动作描写。写出了服务员姐姐面对无钱付账的他选择了原谅,并叮嘱他早点回家,令他非常意外并且深深感动。 | |
| 28 | 62.75% | 文章标题的表层含义是指陌生的阿姨帮助他买的那张回程的火车票;<br>深层含义是指当他错误、迷惘时,家人和好心人给予他的温暖的情义,让他醒悟并改正。 | 标题的含义和标题的作用,答题思路混清。 |
| 29 | 80.75% | 审题不清:"每一步都是风景",只写了这一步。<br>生搬硬套:把上一次写的"只想哭一场"套过来。 | 生活面狭隘单一,选材缺乏亮点,语言不够表现力 |
| 改进措施 | | 1. 注重文言文实词的积累,并拓展迁移。<br>2. 各类文体阅读,注重常见题型及其答题思路的梳理。<br>3. 加强作文审题、选材的训练,引导学生关注并认识生活,积累并整理素材。 | |

1. 试卷综述

文言文阅读中实词解释是硬伤,学生缺少积累,又严重遗忘;内容概括、品质提炼、原因分析等方面,表述也不到位。现代文阅读通过标题把握文章的内容与主旨尚欠缺,作文审题存在问题。

2. 学生独立诊断、合作纠错后学情分析

(1) 学生对说明文中标题作用的把握会缺失角度,教师需指导学生从标题本身句式或修辞、与说明内容说明对象的联系、对读者的影响等多角度去把握。

（2）学生对记叙文中标题含义的提炼经常会缺失对主要事件概括的角度，教师可借助曾学过的某些篇目的题目，指导学生概括主要事件及主旨。

3. 内容分析

**文言文**：考查默写、释词、译句、内容与主旨的概括。

**现代文**：本试卷主要考查学生以下能力点。

（1）能识别和运用陈述句、感叹句、疑问句、祈使句等4种句式（第18题）

（2）能分析文章的思路结构：说明文（时间顺序、空间顺序、逻辑顺序）；记叙文（顺叙、倒叙、插叙）；议论文（总分、并列、层进、对照）。

（3）能把握句子（标题）在文中的含义（内容、情感、哲理），能分析句子和段落的表达作用（第28题）。

（4）能辨别举例子、列数字、作比较、列图表等4种说明方法，并分析其作用（第20题）。

（5）能识别人物描写（肖像、动作、语言、心理）、环境描写（自然、社会）的方法，并分析其作用（第27题）。

（6）能根据文意，对文章的思想内容、表达方式、语言特点，表达自己的感受和见解（第22题）。

**作文：**

（1）能记叙生活中的人、事、物。

（2）能说明生活中的事物或事理。

（3）能对生活现象或社会现象表达自己的感受、认识和见解。

（4）能在规定时间内完成600字左右的文章。

（5）文章应符合题意，中心明确，内容充实，感情真挚，结构完整，条理清楚，表达通顺、连贯。

（6）字迹清楚，书写规范，文面整洁。

## 八年级语文试卷讲评课教学设计

### 静教院附校　陈美

**教学目标**

1. 明确知识漏洞、缺陷，梳理有关说明文、记叙文的常规题型和答题思路。

2. 认识作文套题的危害,注重生活和阅读积累,并课后重新构思。

**教学重点和难点**

1. 文言文实词解释以及内容和主旨的概括,说明文标题作用,记叙文标题含义。

2. 作文的审题和选材。

**教学过程**

一、自我诊断

1. 根据得分,自我订正。(默写、文学常识、翻译、根据拼音写汉字等)

2. 划出有疑问的地方。

二、合作纠错

1. 小组讨论

2. 提出疑问

三、教师解疑

(一) 关于文言文

**课内:** 下列语句中最不能反映出"巢谷非今世人,古之人也"的是(　　　)

A. 谷从之至新,遂病死。B. 闻者皆笑其狂。C. 时谷年七十有三矣,瘦瘠多病,非复昔日元修矣。D. 既见,握手相泣,已而道平生,逾月不厌。

答题要点:品质与表现(谁干什么)匹配。

古之人的品质是:轻权势、重情义。A 项是说他的钱袋被盗,追随至新,故不能体现该品质。

**课外:** 虽然考查的"或""数""遇""期"都不属于 150 个实词,但以前课内皆有涉猎,可见,学生的迁移能力不够。

补充:数风流人物、不期而遇

周人可悲结局的自身原因分析:学生不能根据"吾年少之时,学为文,文德成就,始欲仕宦,人君好用老。用老主亡,后主又用武。吾更为武,武节始就,武主又亡。少主立,好用少年,吾年又老。是以未尝一遇"提炼出"没有明确的目标,追名逐利,急功近利"。

(二) 关于说明文

知识点:说明对象、说明方法、说明顺序、说明语言

说明文标题的作用:说明对象、疑问句作用

说明方法及其作用:举例子,具体,概括(联系前文)

（三）关于记叙文

比较"标题的含义"与"标题的作用"的区别。

描写方法及其作用：动作描写与肖像描写的区别

四、作文

1. 审题

比较：这一步，也是风景

　　　　每一步，都是风景

结构：

纵式：这一步（点上细绘）＋一步步（面上展开）＝每一步，都是风景

横式：第一步

　　　第二步　（点上细绘）＋一步步（面上展开）＝每一步，都是风景

　　　第三步

2. 选材

思考：（谁的）每一步，都是风景

我的每一步，都是风景＋我

父亲的每一步，都是风景＋我

某名人的每一步，都是风景＋我

中国的每一步，都是风景＋我

……

五、作业

修改，或者重写《每一步都是风景》。

**课后反思：**

一节课时间有限，面面俱到地讲评，费时低效。基于数据的学情分析，可以有针对地解疑。独立学习和小组讨论，个性问题的解决达到最大化。

# 第五章　命题素养提升的机制保障

　　提升教师命题素养的研究根植于学校的后"茶馆式"教学研究，是后"茶馆式"教学研究在深化课程改革背景下的新思考。我们在继承与发展中推进研究走向深入。我们聚焦于三个视角提炼提升教师命题素养的长效保障机制：关键方法、关键技术和关键人群，让广大教师从文化认同走向文化自觉。

　　"循环实证"是提升教师命题素养的关键方法。"循环实证"的教育科研方法，是在后"茶馆式"教学的推进中产生的。我们将"循环实证"的教育科研方法运用于教师命题素养的提升过程之中。开发出基于证据提升教师命题素养的长效机制。

　　"命题资源库建设"是提升教师命题素养的关键技术。进入大数据时代，教师对于命题的试卷、作业都可以运用数字化的手段加以保存。基于大数据的特点和优势，开发和建设数字化教育管理平台，帮助教师建立学科教学资源库、个人教学资源库将成为一种必然。同时这也成为新时代背景下教师命题素养提升的关键技术。

　　"青年教师"是提升教师命题素养的关键人群。随着学校的发展，青年教师的培育与发展成为决定学校的未来。学校需要思考如何帮助青年教师快速掌握学校课程改革理念，胜任后"茶馆式"课堂教学，提升命题能力的长效机制。

## 第一节　"循环实证"提升教师命题素养的长效机制

　　"循环实证"是一种基于证据的科研方法，是学校后"茶馆式"教学的研究成果之一。后"茶馆式"教学推进过程中，学校逐步形成了一种新的、实证的、能较好地控制变量，能做课堂教学改革"动态"研究的、价值取向多元的教育科研方法。我们将这种方法运用到提升教师命题素养的研究中，因为深化课程教学改革期待教育走向个性化,个性化的教育方式和手段将成为培育和提升学生核心素养的重要举措。要想培养有文化基础、能自主发展、重社会参与的全面发展的人,必须尊重学生个性差异,关注学生不同需求,也必然在教育评价环节对教师的命题素养提出新挑战。面对挑战,教师需要改变,"循环实证"让教师看见自己的改变,在推进过程中,没有强制命令,而是依靠教育科研,提升教师的命题素养。

## 一、"循环实证":一种基于证据的科研方法

### (一)"循环实证"的内涵分析

1. 迭代循环的数学模型

"迭代循环"是数学中逐步向真值逼近的过程。"循环实证"的教育科研方法正是采用了"迭代循环"的数学模型,"循环实证"是一个个教学设计的迭代。我们采用"迭代循环"的教学模式来进行课堂教学改革的探索。教学设计的迭代总体让教学的效果更好,但也有可能每次教学设计的修改常常是教师在教学经验基础上的猜测。我们用以下(甲)、(乙)两个图来表示两者的相同与不相同。

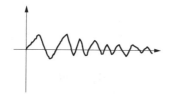

图 5-1 (甲)数学中的迭代循环　　图 5-2 (乙)"循环实证"中的教学设计迭代

2."循环实证"的多元价值取向

"循环实证"是一种教育科研方法。这种教育科研方法的价值已大于一般意义上的教育科研方法的价值追求。

价值之一:用"循环实证"的教育科研方法可以用证据来证明课堂教学的改革,哪些是可行的,哪些是不可行的。

价值之二:"循环实证"是一种教育科研方法,也是一种教师校本研修的新模式、新方法。

价值之三:在教学设计不断迭代的过程中,得益的是所有学生,不仅仅是个别的"实验班"学生。

价值之四:"循环实证",参与的是全体教研组教师,授课的教师也不局限于一两位教学实验的教师。多次的"循环实证"能惠及全体教师,促进教师的专业发展。

3."循环实证"是量的研究与质的研究的结合

中小学教育科研更加应该考虑量的分析与质的分析两方面,综合考虑分析问题,使其能够互相补充发展。

在一次"循环实证"中,常用量的分析的方法,在一个学期,一个学年过后,用问卷、访问的形式,突出质的分析。后"茶馆式"教学推进的目的是提高学生的学习效能,而效能包括效率、效益和效果。[1] 效果的价值取向是新课程的"三维"目标,不但关注"现在",还要关注将来。

### (二)"循环实证"的操作流程图

实施一次"循环实证"的教育研究,一般包括三个班级的课堂教学,三次校本研修,一次教学检测,用时一天,也可视研究情况不同作增减。一学期可以进行多次,这样就形成了"循环"。"循环"不等于重复,因为三四次的"循环实证",教学的内容是不同的;"循环"也不等于原地打转,固步不前,而是逐步向后"茶馆式"教学逼近。这不仅包括课堂教学的改变,也包括教师的认识、教学行为的变化。最终我们形成了以下操作流程图。

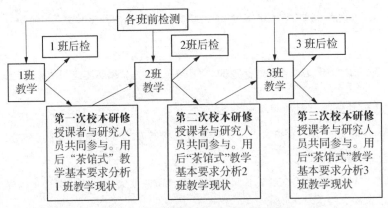

图5-3 "循环实证"的操作流程图

① 张人利.后"茶馆式"教学的"最近发展区"阐释[J].上海教育科研,2011(04):36—38. DOI:10.16194/j.cnki.31-1059/g4.2011.04.022.

### （三）"循环实证"的实施要点

一次"循环实证"的操作需要关注以下实施要点：

1. 尽可能控制变量，聚焦所要研究问题

授课教师不变，由原任课教师上自己的班级，3个班的教师可以是一位教师，也可以是二三位教师。如初二物理，完全可能是一个教师上三个班，小学语文一个教师上一个班。教学内容相同，教学目标的侧重面也相同。教学目标一定是直接的、可操作、可观察的有限目标。这个有限取决于学生基础有限，教学时间有限。有限目标不仅是深度的有限，还有广度的有限，那么，教学目标就应该有它的侧重面。譬如，语文教学中的同一篇课文，可以偏重于朗读，可以偏重于优美的词句，可以偏重于文本的写作手法，也可以偏重于揭示文本深刻的内涵。教师要依据语文课程的总体要求、文本自身的特点、社会的发展、学生的需要等多方面因素思考、定夺教学目标的侧重面。目的是控制变量，在教学目标侧重面相同的情况下进行比较，聚焦所要研究的问题。

2. 一次"循环实证"的前准备

（1）由研究团队准备实验班级的基础成绩，作为各班的前检测。基础成绩可以是上学期期末考试成绩，并且把这成绩变换成标准分。

（2）由实验班级任课教师各自备课，做好各自课堂教学设计。

（3）由研究团队设计好学生的后检测试题。

（4）组织好校本研修队伍，可以是本校教研组教师，也可以是教研组教师之外的学科专家。

（5）必要时准备录音、录像的有关设备。

3. 校本研修内容的确定

每一次课堂教学后，都进行一次校本研修。校本研修对第一次课堂教学中出现的问题或"闪光点"进行总结，对第二次课堂教学提出建议。这些问题、闪光点要聚焦于实证方面。在后"茶馆式"教学刚推进时，实证仅在课堂教学设计的逻辑结构从学科体系为线索，变成以学生的学习为线索之后的变化[①]。当学校的教师基本认可后"茶馆式"教学后，实证的是

① 张人利. 班级授课制下的个别化教学[J]. 教育发展研究，2013，33(12)：47—51. DOI：10. 14121/j. cnki. 1008 - 3855. 2013. 12. 009.

学生先学、引导暴露、共同解疑等各个环节上的具体教学问题，如问题的设计、习题的编制、使用的时间等。实证点可以是整堂课的教学，也可以是某一处教学设计。例如小学低年级的识字教学，可以比较在使用时间基本相同的情况下，怎样的教学学生的识字效果更好。

4. 每班教学之后开展后检测

这次后检测不是由任课教师命题，而是由教研组安排非任课教师命题。后检测的范围仅局限于这堂课的教学内容。之后，比较前、后检测每班学业成绩的变化，反思每堂课的教学实际。

5. 一学期内这样的流程可以进行若干次

通过这样的方式，形成循环。如果第一次"循环实证"是从 1 班开始，然后 2 班、3 班。之后的循环一般可变换班级顺序，以示公平。

6. 需要进行综合后检测

"前检测"是一项基础性的综合检测，需要关注以下两个方面内容：以一次比较综合的学业测试（如期末考试）作为学业成绩基础，且变换成标准分；用问卷、访谈等形式积累与取得学业成绩有关的其他方面的情况。一次"实证循环"的后检测，内容是单一的，仅为这堂课的授课内容，而且就是这一内容，还强调"侧重面"，便于考量。用试卷测试，分数也变换成标准分。一学期或一学年通过了若干次的"循环实证"之后，再进行一次全面的、综合的后检测，这次后检测类同于前检测，也分两个方面，有可能的话，不但与自身进行比较，还可以放在一定的区域范围内加以横向比较。

**（四）"循环实证"的效果评析**

1. 显著提升教师的研究意识

全校教师不同程度参与了"循环实证"的研究和实践，积累了典型的案例，推进了学校后"茶馆式"深化发展，许多教师都有个人或团队的研究成果。这些研究成果形成不同的培训团队，在校内自培，在校外他培。如建立上海市市级教师培训课程，应邀到其他区、其他省市进行教师校长培训；同时作为培训资源用于上海市教委组织城乡互助项目校和上海市公立初中百校强校工程。

2. 持续提升学生的学业成绩

"循环实证"的研究以学生学业成绩的提升为主要证据，教师通过前检测和后检测可以直观地发现学生在学习每一个知识点上掌握程度的不同。不仅如此,学校连年在全区统测中始终名列前茅,在上海市的绿色指标检测中各项指标均超越市区水平,成为上海市热捧的学校,受到学生、家长的高度认可。

3. 普遍提升教育界同行的认可度

学校的"循环实证"研究方法向静安区五四中学、静安实验小学等生源学业基础比较弱、教师也一般的学校进行推广,学生学习积极性明显增强。经过前后检测的分析对比,学生的知识掌握程度呈上升趋势。这一方法还逐步向外区、外省市推广,如上海市杨浦区铁岭中学、浙江湖州吴兴实验中学等,效果同样很好。一次次的"循环实证"以真实的证据触动着学校的校长和教师们,得到了教育同行的高度认可。

### (五)"循环实证"的研究反思

因为后"茶馆式"教学是教师、学生和其他研究人员共同面临的问题,所以"循环实证"也是教师、学生和其他研究人员的共同研究。学生的学在改变,教师的教也在改变。教师直接参与课堂设计与课堂设计改进,而且教师的参与使这种设计更加接近真实场景,也使设计更加精致。虽然从表象上看这仅是以实证的方法评价学生,体现了以学论教的理念。然而,这项研究更多的是课堂教学设计的研究,另外还有教师专业发展的研究以及由后"茶馆式"教学引发的其他相关研究。

此研究不仅是教育理论的实践检验,也不仅是拿某些教育理论作为支撑去从事某项教育的实践。此项研究使教育理论在真实的场景中经受检验,也接受着挑战。我们也提出了相应的思考,如"最近发展区"是否有最大化问题,后续该如何发展的问题,建构主义理论是否存在"参照物"等等。因此,此项研究不能简单定位在教育的基础性研究,也不能简单定位在教育应用性研究。

### 二、"循环实证":提升教师命题素养的新路径

#### (一)源于问题的教育反思

1. 如何减轻学生学业负担,培育学生核心素养?

教师的命题能力与学生过重的学业负担密切相关,教师的命题能力越低,学生的作业

量越多,学业负担越重。学校以往的命题(作业)的研究大多着重于控制作业的量。上海市绿色指标评价结果显示,本校学生作业量明显少于市、区平均值,可以说作业量得到了基本控制。但是,如何从培育学生核心素养的高度来提高作业的质,针对不同学生、不同学科、不同情境改编、创造教学的测量工具,做得还远远不够。我们期待通过提升作业的质,进一步控制作业的量,以控制作业的量来倒逼提升作业的质。

2. 如何提升教师命题素养,促进教师专业发展?

作业质的提升,有待于教师命题素养的提升。命题是有关教学评价的研究,测量工具的研究,命题能力是教师专业化发展必不可少的一个重要方面。上海在深化课程改革过程中,已推出一系列有关教育评价的重大举措,如:中小学学业质量"绿色指标"综合评价,小学学业评价推进"等第制",跨学科的实践性、研究性专题学习和项目学习,中、高考制度的改革等等,多项重大举措对教师的命题素养提出了新要求。如何适应教学改革的新需求,以教育个性化为目标,开展跨学科、全面综合的教学评价是值得每一位老师思考的问题。

3. 如何改变本校教师现状,快速提升教师命题素养?

学校长期推行后"茶馆式"教学研究,绝大部分教师已形成了比较正确的教育观、学科观、学生观和评价观,有一定的命题能力,但是彼此间存在较大的差异。有的教师有能力设计各种各样的题目;有的教师自己命题会有比较大的困难,常常会应用别人的命题;有的教师即使是全部自己命题,质量也不一定高……部分教师对于命题优劣的判断没有经过系统的培训,缺乏命题的专业知识技能。如何形成有效的方法、途径、策略,变教师间的差异为资源,快速提升教师的命题素养,缩小教师间命题能力差距也是一个难题。

### (二) 依托研修的路径探索

学校学科团队依托校本研修,运用"循环实证"的研究方法,以学期为单位展开了三轮教师命题能力的行动反思研究,采用"收集-分析-评估-反馈-改进-实践"多次往复、不断循环的操作路径,基于证据展开研究分析,对提升学生核心素养的经验不断筛选和完善,以此提升教师对学情的把握力、课标的理解力、命题的设计力。

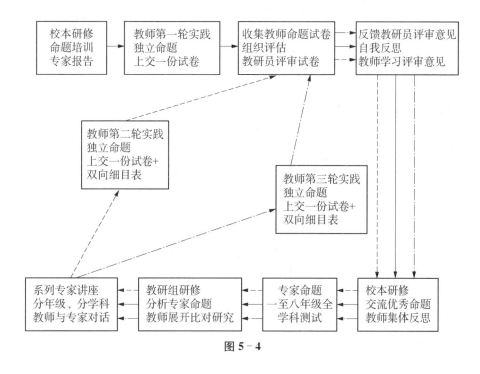

**图 5-4**

以上是三次"循环实证"提升教师命题素养的操作流程,具体解读如下:

1. 确定"循环实证"的研究变量

命题是教师工作的重要环节,是教师教学基本功的组成部分,贯穿于教学的各个环节之中。课堂教学活动中的课堂练习,课后的作业,单元的练习卷,专题复习卷,期中、期末的考试卷等,都是教师命题能力的直接体现,都有研究的价值。在教育反思专项行动中,各学科教研组以学期为单位,以期中考试卷的命制为内容,研究学校教师对于课标、教材的理解与把握能力,对学生的研究深度,对学生学习的了解程度,基于证据进一步分析教师命题能力的变化发展。

2. 做好"循环实证"的前期准备

(1) 在全校教师的集体培训中,邀请华师大专家开展命题培训,讲清楚命题的要求,命题的形式,命题的内容,命题的目的等。

(2) 共同研发《静教院附校命题设计评比表》(见表5-1),经历自上而下(教导处设计讨论稿,各教研组提出意见)和自下而上(汇总各教研组意见,教导处修改)的过程,广泛听取教师的意见,形成两个维度、六大指标的命题设计评比表。

　　（3）学校联系有能力、有意愿参与课题研究的区县教育学院,组成学科专家命题评审团队,双向沟通,明确教师命题评审的要点。

　　（4）学期结束的校本研修中以假期作业的形式布置给教师,让他们设计一份下一学期期中考试的命题试卷,开学上交教导处。

　　（5）组织好校本研修队伍。队伍成员可以是教研组教师,也可以是教研组教师以外的学科专家。

　　（6）必要时准备录音、录像等有关设备。

### 表 5-1　静教院附校教师命题设计评比表

试卷编号:_____　总分:_____

| 维度 | 评比指标 | 分值 | 得分 |
|---|---|---|---|
| 设计的依据 | 基于课程标准(关注学科) | 30 | |
| | 基于学生情况(关注学生) | 20 | |
| | 基于社会热点(关注社会) | 10 | |
| 设计的要素 | 框架结构的合理 | 10 | |
| | 题型选择的合理 | 10 | |
| | 考核内容的合理 | 10 | |
| | 能力考核的合理 | 10 | |
| 该试卷突出问题: | | | |
| 该试卷闪光点: | | | |

### 3. 组织形式多样的校本研修

　　每一次教师命题评比之后,都有一次校本研修。校本研修是教师在专家引领、同伴互助、个体反思实践中提升命题素养的基本途径。研修中会对每一次教师命题评比中出现的问题或"闪光点"进行总结,对下一次学科命题提出建议。

　　校本研修呈现形式多样、内容多样、培训方式多样的特征。目前学校开展的校本研修有教研组围绕专家给出评估意见的教研组研修,有交流优秀命题设计的全校研修等研修;有"小众型"对话研修、食堂午餐研修,办公室闲时研修,走廊研修等研修;专家讲座报告式经典研修,有自我反思型自主研修。

4. 邀请专家命题开展比对研究

每一次教师命题评比活动之后,学校都会邀请学科专家对 1—8 年级全学科进行统一命题,并将命题试卷运用到学校 1—8 年级的期中考试学科检测中。教师结合学科专家命题试卷的学生检测数据,学科专家出具的学科命题双向细目表展开数据分析,理解学科专家对于教材、课标的把握,对于学生学情的分析,对于社会热点问题的处理。教师再将其和自己出的期中命题试卷进行比对研究,在实践中理解学科命题的基本要求和基本技能,寻找自身的不足和改进的方向。

5. 基于新发展的命题循环改进

在经历了以上的流程之后,教师需要完成一份新的学科命题试卷的设计。学校在学期结束的全校校本研修活动中请各教研组交流经历了一次学科命题培训之后的收获与感悟,教研组内命题能力的优势与不足,对于组内教师命题中存在的共性和个性问题的有效解决策略和有价值的案例故事。通过交流,进一步帮助教师形成提升教师命题素养的价值认同和校本化推进策略。在此基础上,每位教师利用假期时间完成一份下一个学期的期中命题试卷,开学上交教导处,开展新一轮次的循证研究。

### (三) 基于证据的成效分析

1. 基于实证数据的教师命题能力的提升

学校开展了三次的"循环实证"研究,分别邀请了三个区的教育学院学科专家依据《静教院附校教师命题设计评比表》,对学校考试学科教师上交的命题试卷展开评审,不但有量化的评价,还有描述性的评价。我们对三轮数据进行汇总,开展精细化分析,形成了三次教师命题能力评价数据比较表(见表 5 - 2)。

表 5 - 2　三次教师命题能力评价数据比较表

| 比较内容 ＼ 轮次 | 第一次 | 第二次 | 第三次 |
|---|---|---|---|
| 上交的试卷数 | 71 份 | 79 份 | 83 份 |
| 评价等第情况 | 9 份 90 以上<br>39 份 80 以上<br>20 份 70 以上<br>3 份 60 以上 | 12 份 90 分以上<br>52 份 80 以上<br>12 份 70 以上<br>1 份 60 以上 | 12 份 90 分以上<br>60 份 80 以上<br>11 份 70 以上 |

续　表

| 比较内容 \ 轮次 | 第一次 | 第二次 | 第三次 |
|---|---|---|---|
| 存在的问题 | 1. 把区的统考卷子稍加修改交上来;参考教辅或者模考卷内容进行选题拼凑。<br>2. 同组内教师的命题有雷同。<br>3. 试题答案有错误,部分题目有超纲现象。<br>4. 缺少试卷设计的依据、学情分析;缺少评分标准;缺少试题的设计说明;缺少每个试题的预估值。<br>5. 缺少试卷设计的双向细目表。<br>6. 试卷结构欠合理。<br>7. 试题的覆盖面欠完整。 | 1. 命题要求与课标要求、学生学情有差距,试卷框架结构与题型选择欠合理,考核点面不广、难易比例把握不够精准。<br>2. 试卷中有些语言不够贴切。<br>3. 题型数量分配不尽合理。<br>4. 没有关注年级的衔接和思维的梯度。 | 1. 有些题目标点符号不完整。<br>2. 试题分值分布建议参考中考标准。<br>3. 题目选择较好,但创新不够。<br>4. 有些题目的字体欠规范。 |
| 发现的闪光点 | 1. 突出重点内容重点考,核心内容重复考;不同能力测试有所兼顾;评分标准设置合理;试题设计说明清楚。<br>2. 试题设计说明清楚,意图明确。<br>3. 能设置不同层次能力要求的试题。 | 1. 双向细目表编制规范,能有效地指导与检测试卷命题的合理性。<br>2. 试卷考点的知识覆盖广,突出学科特点,关注学科思想方法的考察。<br>3. 重视学生分析问题、解决问题以及思维能力的考查。<br>4. 教师能根据学校实际情况有针对性地进行试卷设计。<br>5. 试卷基本做到了科学性和适切性,考核的内容较为科学合理。 | 1. 话题新颖,与社会热点、学生生活结合较好<br>2. 试卷命制有详实的双向细目表,命题内容与难易度依据课标、教材与学情分析,科学合理。<br>3. 试卷话题有时代性,能力考核内容从基础到运用与逻辑思维要求等均有所涉及,分布合理。 |
| 双向细目表 | 0% | 75% | 100% |

从上表中的数据变化我们可以发现：

第一次实践时，教师中存在"敷衍"的态度，试卷有抄袭的现象：有抄外面老师的命题，有抄学校以前的命题，还有教师命题出现知识性错误、学科比例不对、难度分布不适宜等诸多问题。学校通过校本研修修正教师们对"提升教师命题素养"的认识程度；通过软件监测杜绝教师抄袭他人命题的现象。

第二次实践时，教师普遍重视起来，参与的老师多了，完全杜绝了抄袭，知识性的错误也不复存在。老师通过学习教研员命题的期中试卷和双向细目表，能结合自己的学科，在命题时学会使用双向细目表来规范和指导编题和制卷，能详细、明确地列出各项内容的量化指标，实现了试卷命题的科学、规范。

第三次实践后，教师的命题能力得到显著提升。教师以往命题中的缺点都得到了克服，100%的老师能通过制定双向细目表来提升试卷命题的质量。试卷也有较多的闪光点，教研员评价的优良率呈现上升趋势。

2. 基于案例的教师命题能力的提升

我校小学三年级语文佘晓洁老师为四年级出了一份期末试卷，四年级老师反映其中某道题，学生的得分率很低。这有两种可能，一种可能是四年级教师在该知识点上出现了教学上的问题，另一种可能就是题目命制中出现了问题。佘老师仔细了解了学生错误的原因，发现若是在该题目上再加上一句话，给学生一个思维的阶梯，可能会减少学生对题目理解的歧义，增加题目的信度，更好地评价出学生对该知识点的掌握程度。

从这个教育案例中，我们发现教师能够依据得分率的高低，敏锐地发现命题中的问题，分析学生错误的原因，反思怎样的命题更合理、更科学生，从而积累起提升教师命题能力的个人经验。

在实践探索中，我们将"循环实证"的研究方法运用到校本研修之中，探索出一种促进教师命题能力提升的新路径、新方法。多次的"循环实证"惠及全体教师，促进教师的专业发展，指向学生核心素养的培育，为个性化教育积累多样化的证据支持。

## 第二节　教师个人教学资源库建设与完善机制

"命题资源库建设"成为提升教师命题素养的关键技术。进入大数据时代，教师对于命题的试卷、作业都可以运用数字化的手段加以保存。我们基于大数据的特点和优势,开发和建设数字化教育管理平台,将后"茶馆式"教学研究过程中教师自我积累的、零散的、随意的教学资源汇集起来。以主流研修方式组织学科组教师交流、分享教学资源库,确立学科教学资源库建设的维度。加强团队合作共建,以学科教研组为基地,以数字技术为媒介,收集教师个人教学资源积累特点,指导教师形成具有个人风格的教学资源库。依托信息化教育管理平台开展命题的试卷、作业的收集,归纳、分析、评比等一系列活动。在多样化的研修活动中帮助教师关注不同学生学科学习认知差异的方法,从显性的作业错误,到思考问题的方式,全面了解不同学生的思维特征。教师在命题设计时,做到心中有"人",落实到每一个具体的学生,从而使命题设计的针对性、精准性得到提高。

## 一、教学资源库:大数据时代教师专业发展的新探索

### (一)教学资源库建设激活教师的教育教学活动

1. 教学资源的运用展现教师专业性特征

教师职业有其特有的专业性,美国学者科克伦等指出"教师区别于生物学家、历史学家、作家和教育研究者不在于他们掌握专业知识的质量和数量,而在于他们如何组织和使用知识上。有经验教师的科学知识是从教学的角度组织起来的,并作为帮助学生理解具体概念的基础;而一位科学家的知识则是从研究的角度来组织的,是作为建构本领域新知识的基础"。这段话可以让我们明确教师的职业特征:一般的学科专家需要考虑的是学科内容本身,而教师则需要考虑学科内容的教学设计和教学的过程。[①]

任何学科的教学设计都是非常复杂的认知活动。研究显示,那些具有丰富综合知识的教师比那些知识有限而且零散的教师,在设计和实施课堂教学时,能更有效地帮助学生理解和综合。高效率的教师善于积累和吸取别人的经验,并在新的教学情境中重新组合设计成更好的方案。这样的教师知道怎样引导学生的学习实践,即使在特殊条件制约下,他们也可以帮助不同群体的学生发展知识,形成能力。[②]

教学活动就是教师把握人的学习规律,综合运用认识论、教学论,以及心理学、教育学

---

①② 杨薇,郭玉英. PCK 对美国科学教师教育的影响及启示[J]. 当代教师教育,2008(03):6—10. DOI:10.16222/j. cnki. cte. 2008.03.002.

等超越学科知识的内容与能力，从对学生学什么，以及怎样学的关注，到课堂的有效实施。因此，教师一定是使用多种领域的知识进行教学设计和实施教学。

这种多领域知识的综合被看作是教师专业特征。1986年，舒尔曼教授在美国教育研究协会会刊《教育研究者》发表的一份研究报告中提出："教师对关于怎样帮助学生理解特定学科内容知识的理解，具体包括如何细化学科的主题、问题，各相关因素如何组织、表现，如何适应学生各种兴趣和能力，以何种形式呈现知识等。PCK 即 Pedagogical Content Knowledge，是指特定内容或者特定学科的教学知识，是构成高效率教学所需要的部分。而且，对这种特定领域知识的理解，影响教师的实践，有益于科学教学和科学教师教育的发展。"其定义是教师个人教学经验、教师学科内容知识和教育学的特殊整合。PCK 是教师个人独一无二的教学经验，教师独特学科内容领域和教育学的特殊整合，是教师对自己专业理解的特定形式。①

这样复杂的知识技能和实践过程，必须要有丰富的资源为基础，教师只有将个人教学资源汇聚成库才能胜任如此重任。舒尔曼关于"PCK"的定义告诉我们：PCK 实际上作为多种知识的综合，包含教师对学习者的知识、课程知识、教学情境知识和教法知识等几个方面，它是"用专业学科知识与教育学知识的综合去理解特定单元的教学如何组织、呈现，以适应学生的不同兴趣和能力"。教师必须拥有所教学科的具体知识：事实、概念、规律、原理等，还应该具有将自己拥有的学科知识转化成易于学生理解的表征形式的知识。因此，教师掌握的教学资源必须满足：（1）与内容相关；（2）基于经验的反思，具有实践性；（3）个体性；（4）情境性；（5）整合性。

2. 后"茶馆式"课堂教学发展有结构的教学资源

课堂教学是以国家课程标准为依据实施教学的过程。课堂需要大量的教学资源作为素材和基础，教与学的材料远远超越一本教科书的范围，教师必须根据学生实际、课程要求进行取舍。

《教育大辞典》将教学资源定义为支持教学活动的各种资源。它分为人类资源和非人类资源。人类资源包括教师、学生学习小组、课外活动小组、旅行小组、课外辅导员、家长、社会成员等。非人类资源包括各种媒体和各种教学辅助设施。传统媒体有粉笔、黑板、印

---

① 杨薇，郭玉英. PCK 对美国科学教师教育的影响及启示[J]. 当代教师教育，2008(03)：6—10. DOI：10.16222/j. cnki. cte. 2008. 03. 002.

刷媒体、实物、实物模型、挂图等。现代媒体有投影、幻灯、电影、电视、语言实验室、计算机、计算机多媒体系统等。此外，还有各种社会教育性机构，如视听中心、图书馆、博物馆、少年宫等。[1]

学校开展的后"茶馆式"教学是遵循学生认知规律，学生在教师帮助下自己学会的教学。为此，我们对教学资源的价值和范畴有了新的认识，将教学资源定义为教师个人作为学生学习支持者所拥有并提供的学习素材，可以是合作学习的同伴小组，可以是多媒体课件、视频资源，也可以是课堂的教学设计，课堂的问题群、问题链设计，试卷、练习、作业等资源，也可以是教学事件、校园故事等学生经历凝结而成的情境片段，有不同对象特征与情境变化后的教学策略等。

我们认为教学资源库对于课堂教学而言，能够应用于广泛的课堂情境，帮助教师面对复杂现象进行思考，也能为教师团队提供一个学科研修深层次对话的平台。更重要的是，后"茶馆式"教学的课堂，能更有效地帮助教师预见学生学习中可能遇到的困难，根据学生可能使用的学习策略和结果，有针对性地教学。这需要教师精准设计教学环节中每一项学习任务的呈现和具体内容，把握教学目标，超越教材、教参，灵活、有效地运用丰富的教学资源开展教学设计和课堂实施。

据此，建立个人教学资源库成为实现后"茶馆式"教学的必然选择，同时，后"茶馆式"教学不断推进中积累的教学实例、案例，也全方位地丰富了教学资源。其意义在于：(1)后"茶馆式"教学的课堂实施必须要有丰富的学科教学资源支撑；(2)丰富的教学素材必须组成结构化的系统才能成为有价值的资源。

3. 信息化平台助力教师建设教学资源库

在"大数据"时代背景下，学校教育也开启了信息化的探索，学校为每位教师配备了电脑，教室里也都有网络。因此依托网络、电脑等媒介，学校建立起数字化教学管理平台，使教师个人资源库的建设成为了可能。学校引领学科教研组共同参与学科资源库的建设，将老师们积累的文本材料资源转变成数字化的形态。

(1) 形成教学资源库建设维度

我们明确了建立教学资源库的四个维度：其一，教学设计；其二，教学课件、教学软件；其三，习题、问题(命题)；其四，教学案例、教学反思，使之成为有结构的教学资源库。

---

[1] 姚元全.课堂教学资源分配的社会学分析[D].乌鲁木齐:新疆师范大学,2007.

随着研究的深入,我们以后"茶馆式"教学的个别化教学视角再次审视课堂,发现教师命题素养提升的关键环节仍然在于教师的教学设计。后"茶馆式"教学设计需要考虑"学生先学"与"引导暴露"的材料取舍与问题的编制,是教学与评价融为一体的评价设计。教师对学生学习的理解,对学科的把握,以及丰富的课堂积累形成了教师个人的教学资源库,成为实施后"茶馆式"教学和命题能力提升的坚实基础。学校收集了每位教师的教学设计和案例,积集成册,涉及不同的学段、学科和课型,极大地丰富了资源库的框架,使每位教师都得到新的启发。

(2)形成具有个人风格的教学资源库

教师个人独一无二的教学经验,应当包括教师学科内容知识和教与学的特殊整合、应用的能力。教师独特的学科内容领域和教与学的特殊整合,是教师对自己专业理解的特定形式,是走向专家型教师的过程①。教师在日复一日的繁杂工作中有足够的成长空间,成为教师职业价值所在。教师的自我成长并非自然而然,学校应当提供促进教师自我发展的动力。个人教学资源库的建设,让很多老师站在了新的起点。它可以帮助教师将散落的学生问题、个人经验聚集,为教师打开了职业的一扇窗,教师们用新的眼光打量以往的教学积累、心得和散落的思考,学会了课堂"拾贝"。我们深入课堂,深入教研组、备课组,在参与研究的同时,积累经验。学校还组织了多次分享,将教师个人的经验和建立资源库的过程作为研究推进的过程。这些经验不仅在校内传播,而且已经走向全市和全国,外来学习的同行也得到了启发。个人-分享-提升-发展,成为学校教师的专业成长途径。

(3)团队合作完善教学资源库

学校加强团队合作共建,以学科教研组为基地,以数字技术为媒介,分享个人资源库,并进入课堂进行应用性研究。由学校教导处和教师教育领导负责,以主流研修方式组织学科组教师交流、分享教学资源库,以及建立过程中的体会与经验;学科教研组组织应用教学资源库设计教学,并进入课堂进行个别化教学的实践研究;科研室组织研究核心团队和骨干教师,将教学资源库应用于教学案例收集。

(4)建设试卷命题资源库

为了加强对教师的常态化管理,我们依托学校的信息化管理平台,帮助每一位考试学

① 杨薇,郭玉英. PCK 对美国科学教师教育的影响及启示[J]. 当代教师教育,2008(03):6—10. DOI:10.16222/j. cnki. cte. 2008. 03. 002.

科教师建立试卷命题资源库,每学期的试卷评比都可以上传学校信息管理平台,既方便教师的互评,又可以实现数据的实时保存和及时反馈。我们可以基于教师的试卷命题资源库,开展基于数据的比对分析,发现教师命题能力的变化。课题组可以及时收集数据,随时分析,积累大样本命题资源。

　　由于数字化技术的支撑,个人教育资源、集体教育资源已没有严格的界线,只要通过网络就能快速地传递共享①。你的可以是我的,我的也可以是大家的。因此,共建和分享成为必须和可能。如数学学科组每次后"茶馆式"教学研究课,都是大家一起讨论,特别是对例题、习题的编排,丝毫不保留,每位老师都会拿出自己的"宝贝"。因为老师们明白,信息时代,个人的力量是有限的,资源库唯有共同建设,才会更丰富、更完善。

### 二、个人命题资源库:共享共建中提升教师命题素养

　　教师命题素养的提升贯穿于教师备课、上课、作业、辅导、检测教学五环节的全过程之中,教师教学资源库的积累数据既可以用于课堂的教学,也可以用于教师试卷、练习的命制。教师们在实践的过程中形成了具有学科特点的命题资源库建设。以下呈现两个教师的案例故事。

案例5-1:

#### 我的数学题库是怎样建成的

静教院附校　遽怀海

一、为什么要建题库?

我为什么喜欢建立题库,因为我受到过严重的刺激。

我大学毕业后的第一年教八年级,增长率这个知识不仅是重点也是难点。勤勤恳恳的我,不仅自己做了大量相关的题目,而且带领学生也大量地做,为期末考试做了充足的准备。哪里想到试卷中那道增长率的题目居然和做过的没有一道一样类型的,更可恨的是学生也非常奇怪,出现了各种各样的解题方法,就是不往正确的方面想。经过这个严重的刺激,我知道了研究题目的重要性!

---

① 张人利."大数据"也会影响基础教育[J].上海教育,2013(12):44—45.

我为什么喜欢建立题库,因为我收到过意外的收获。

那是一个"无心插柳柳成荫"的幸福收获。记得 2010 年的那一个夏天,中考似乎来得比往年更早了一些。中考前的最后一节数学课,重要! 我试图总结中考倒数第二题的知识点,使学生能够有一个明确的认识,于是归纳了几道题作为临考前最后的准备。没想到我的题目居然和中考的倒数第二题类型一样,更奇怪的是数据也一样。我出的题目有四个答案,中考卷的答案和我出的题目有三个答案一样,为什么只有三个答案一样? 因为这道中考题只有三个答案。这给了我更严重的刺激,当然这是正能量!

我为什么喜欢建立题库,因为后茶馆教学的需要。

后茶馆教学先进在"以学定教",难也难在"以学定教",每节课都需要进行深入研究,设计出最精彩的问题,我不是不想做到,而是水平有限做不到。那么有没有偷懒一点的办法? 我认为建立题库,运用题组进行变式,最起码可以比较准确地反馈一节课。

二、怎样才能够建成一个好的题库呢?

**题库第一步:积累**。这一步比较枯燥,如果要写小说,基本上都会跳过或者一笔带过,因为实在是没有什么曲折的情节,动人的旋律。但是我还要啰嗦,因为没有这一步后面的一切都没了基础。积累的方法只有三个字:搜(网上搜索的搜),输(较好的题目尽快输入的输),改(原题进行改编的改);积累的要求只有三句话:日积月累,月积年累,你积我累! 俗话说得好:巧妇难为无米之炊,我不是巧妇,只是笨汉,因此我不仅需要米,而且需要大量的米,所以只有不断地积,不断地累!

**题库第二步:归类**。这一步比较好玩,能够产生很多自己的想法。张校长说:议,可以是人和书本的议,在这里将会有很好的体现。我们老师和题目会产生感情,和题目不断地议论。归类的方法有三种:按章节,按知识,按思想方法。大多数时候,我们往往按章节进行归类,因为这个用途比较多,周练、测验等都用得着,但是我现在越来越感受到按知识归类在课堂内的作用。例如教授《增长率》《因式分解》时,我尝试过按方法归类,结果很难有完整的体系,但是对于提高老师和学生的理解水平,对于提高考试的分数还是很有必要的。初中数学教辅书中,只有一本书是按照方法归类的,并且每一章节都是以题组形式呈现的,这本书就是孙老师的《迎中考数学题组教程》。

**题库第三步:初步加工**。题目多就一定全面吗? 不一定,有时可能会漏掉一些重要的知识点。那么怎样使自己题库的题目比较全面呢? 这就需要根据我们自己的想法进行补充。这个过程收获很大,也会有很多疑惑,甚至很长时间这些疑惑不一定能够解决,但是自己的学科体系在这一过程中比较容易形成。形成体系的方法有以下方式:根据课本目录思考,建立自己的思维导图;根据学生的学习情况进行修正,例如添加辅助线的方法这一知识点,这是八年级上学期的难点,我每节课都会额外补充一道添加辅助线的几何题,抄在黑板上,这些题目其实就是按照知识体系设计的题组。我想学生每天做一道,恐怕感觉不到这是题组。没想到期中考试前学生自己把这些题输入了电脑,并打印了出来,用来复习。我从学生这里受到了鼓舞!我认为初步加工这个过程是老师提升自己的关键,教师有时在课堂内可以根据学生的情况随手补充出一些题目来,使课堂更加灵活有效。

**题库第四步:深加工,通过变式问题形成题组**。这个过程的主要目的是课堂教学,有助于更好地反馈学生的学习情况。我自己很喜欢这个方法,因此现在的八(1)、八(2)班的课堂内,我准备的例题和练习就能够由易到难地设计出题组来。关于某个问题,自己可以先建立一个比较完整的题组,在备课时再根据不同年级不同班级的情况,截取其中的一个片段并修改,这节课的选题就比较好了。形成题组后,我有了一些意想不到的发现还会与大家分享。例如,关于中考题的第24题,就会发现08年之前的十几年中只有两种方法,然而自从08年引入"作垂线"的方法后,在短短的几年中居然出现了5种方法。例如中考有一些题目可以找出比标准答案更简单的方法,这些更简单的方法居然就是日常的方法,而不是什么奇怪的方法。有时一些简单的题目,如果"举一反三"后,居然没有其他的情况了,因为就只这三种情况,就像题目在和你开玩笑一样,比较有意思!

三、如何运用题库?

**可以用于周练测验卷的命制**。我们数学组每周会有一套周练和测验卷,并且测验卷和周练卷的题型类似,便于学生复习。数学教研组几位老师会一起建立起六到八年级完整的周练测验的题库,这样大考前的复习就相对简单了一些,学生的负担就轻了一些。

**可以用于课堂题组反馈**。记得刚刚有一些资料时,我会把一节课的有关资料全部给学生用。这种态度是相当热情的,这种精神是绝对无私的。这种做法是完全错误的。因为我自己要花很多时间,学生要花更多的时间。使用题组就会减少很多不必要的、重复的练习,并且学生也能更容易形成思路和方法,学生就能够举一反三,提高审题能力和思维能力。

**可以用于查漏补缺**。我们有几次就是把学生平时易错的问题集中起来,形成一张期中考试卷,到七年级上学期的时候,学生考出来的水平远远超出我们几个老师的想象。没想到这么多有难度的题目集中到一起居然能够考好,这就是题组的作用。

案例 5－2：

## 小学英语命题资源库建设

静教院附校　楚娟娟

一、小学英语命题资源库构成

为了建设命题资源库,我们以年级来划分,每个年级包含了以下四个文件夹:1.英语课程标准和配套校本教材,下设校本课程和校本教材两个子文件夹;2.课件、教学设计与反思,与每一册书的知识内容相匹配;3.习题,其下又分为周练卷、单元卷、历年期中期末卷三个文件夹,高年级还增设了音标卷和历年统测卷两个文件夹;4.经典课例。

二、分板块资源设计

（一）JECAS English 课程标准和配套校本教材

**研发校本课程标准**。结合上海市统一的课程标准和我校学生的实际情况,我们制定校本课程标准。本课程标准主要内容包含以下方面:一至二年级有五部分——词汇、句型、日常表达、语音、儿歌和歌曲;三至五年级有六部分——词汇、句型、日常表达、语音、语法和儿歌和歌曲。目录后面紧跟着的是一至五年级整体的课程目标。我们也和上海市的课程标准做了对比,比如每个年级课程标准部分有"四会"和"三会"的不同要求。"四会"要求是指能听说读写,三会要求是指能听说读。最后还附上了书本上的儿歌和校本教材上的儿歌数目和歌名。这本课程标准的制定可以说为我们中学部的英语老师提供了参考,他们能大体知道小学五年学生英语学习的情况,有利于中小衔接问题的解决。

**设计校本教材的内容**。每个年级我们都进行了设计,五个年级分为上下十册内容,共有拓展教材 320 余份。同时我们也为一些故事制作了精良的绘本,每位学生手上也配有小的绘本,这些内容深受学生的喜爱。目前我们已累积了多套自制的绘本。

（二）课件和教案

每个年级每册书都有课件,以三年级上册为例,一共 12 个单元,每个单元至少有 4—5个课件,我们五个年级 10 册教材至少有 500 个课件。除此以外,该板块中还收录了大量的教案和反思。如五年级电脑〈Computers〉这一课,执教老师在课后对本节课的设计进行了深入的反思。这些教案和反思,给下一轮任教的老师提供了宝贵的参考建议。这些课件和教案反思每学年都会由当年执教该年级的老师进行整理和更新,在新学年开始前和下一轮执教老师进行交接。正因为大家无私地共享这些优质资源,才会使得我们的课件和教学设计越来越精良,能更好地为课堂教学服务,同时也减轻了大家的负担。

（三）习题

习题是教学资源库的重要组成部分，以五年级的习题库为例，我们在母文件夹下还设立了周练卷、音标卷、单元卷、历年统测卷和质量分析、历年期中期末练习这五个子文件夹。据不完全统计，五个年级的习题题库累积量达到 220 套左右。同时，根据学生的情况，小学英语组还为学生量身定做了相应的跟进练习，如果学生把这些跟进练习都收集起来，在期中、期末进行集中复习，那它们就不仅仅是一份练习，更是一份不可多得的复习资料。如三年级下学期学生在做练习七时发现不少问题，于是，我们就根据学生的问题给予了一些温馨提示，并针对性地提供了跟进习题。我们也鼓励学生将自己的问题在数字前进行标记，形成一份个性化的复习资料，在期中期末前进行针对性的复习，事半功倍。这种阶段性的总结和提醒可以有效地帮助学生巩固所缺失的知识点，让他们少走弯路，也可以向下一轮执教老师对学生有可能犯的错误进行预告，他们通过提前重点讲解，提高课堂效益。

（四）经典课例

经典课例板块集合了附校市区级公开课、比赛课的经典课件。据统计，一至五年级的经典课件已累计达 49 个。其中经典课的板书设计也是资源的一部分。我们把板书设计的资源保留下来，就是为了日后帮助自己和他人理清教学思路，抓住教学的重点和难点。

五年级的经典课"Typhoon"讲述了 Ben 的鹦鹉在台风来临前飞出窗外的故事，告知学生台风将会造成的破坏，并讨论台风来袭时我们应该做什么和不应该做什么，从而将珍爱生命，保护自我的生命教育渗透于教学过程之中。这节课的文本内容通过四段呈现，而教师的板书则是引导学生总结和提炼这四段的中心大意。在教学过程中培养学生提炼信息、复述故事的能力。

这些经典的课例和板书集结了我们英语教研组所有教师的智慧和心力，也成为大家共享的经典资源。教师们在使用的过程中，这些资源也得到不断地更新和提升，惠及了更多的附校学生。

三、英语学科特色资源

（一）字卡和教具资源

根据低年级学生的年龄特点，我们经常使用实物的道具进行教学，比如食物、水果、毛绒动物等。比如 1AM1U3  Taste and smell 这一课，教师要让孩子们认读"rice, noodles"等表示食物的单词，并帮助学生们了解餐厅里点餐的基本会话。而在道具的配合下，孩子们说说演演，在学习的同时得到游戏的快乐，并能很好地激发学生的学习兴趣，增加记忆点。字卡是构成板书设计的重要组成部分,而对于低年级的学生来说,鲜明的色彩,活泼的设计往往能让他们印象深刻。如 1B M3U1 这节一年级的课,本课主题是四季的色彩,我们的板书相应地做成了绿、红、黄、白四种颜色,与主题相呼应。

（二）经典电影配音资源

为了给学生提供原汁原味的英语材料,我校英语教师收集了大量的电影资源并截取适合小学生学习的电影片段来进行教学。这样做不但可以锻炼学生的英语听力,培养他们地道的语音语调语感,也更能激发学生学习英语的热情。比如电影《弦动我心》,它可以和牛津英语 4B Module 4 Unit 1　A Music class 的内容整合。片中女主角是一名小提琴教师。在影片结尾时,她深情地对着她的学生们说了一段话,鼓励他们上台表演不要害怕,要自信,这段独白非常具有感染力。我们的学生沉浸在这样的氛围中,十分有兴趣进行模仿。此外,每一份电影配音资源都有相应的学生录音,这些学生的名单都是不同的。这就是执教老师的高明之处。她用这种手段作为奖励来激发孩子对英语朗读的兴趣。而在学期结束时,教师再把所有孩子的录音刻成光盘送到每个孩子的手中。尤其是五年级的孩子,拿到这样一份毕业礼物,真是太有意义了。


教师们借助个人命题资源库的建设与完善机制,将个人对于命题的理解以题库或是资源包的形式固化自己的研究成果。通过多样化的研修活动,教师彼此分享命题资源库建设的经验,在互助交流中,实现个人命题资源库的共建;在传承发展中,实现个人命题资源库的共享。教师逐步形成结合新的教育理念和学生的学情,定期完善个人命题资源库数据的习惯。在实践中,教师们也形成了许多资源库数据采集、分析、归纳、提炼等功能的学校经验,大家再面向各类项目合作校开展交流分享,在助人的过程中也实现了教师命题素养的提升。


## 第三节　青年教师命题能力的培育发展机制


学校落实中共中央"关于全面深化新时代教师队伍建设改革的意见"的精神和立德树人根本任务的总体要求,坚持"以人为本、基于需求、聚焦教师、发展教师"的工作原则,聚焦"青年教师"这一提升教师命题素养的关键人群。加强青年教师成长发展的整体规划,要创新培养模式,拓宽育优途径,秉承张人利校长提出的"引领职初教师朝着营建'学'的课堂起步"的理念,遵循处于不同发展阶段的青年教师专业化发展的规律,探索基于后"茶馆式"教学的青年教师培优育优的方法和途径。提升学校青年教师的专业素养和教育境界,为造就高素质的教师队伍提供重要保证。因此,我们要进一步促进青年教师的专业化发展,提高青年教师自主发展意识,满足青年教师个性化发展需求。

## 一、引领青年教师朝着营建"学"的课堂起步

### (一) 青年教师发展现状分析

1. 青年教师人数逐年递增

2015 年至今,学校每年都会招聘应届大学毕业生,中小学入职新教师每年以将近 8 人的速率稳步增长。目前学校在编在岗的教职员工人数是 177 人,0—5 年的青年教师人数有 35 人,占教师总人数的 14%。随着学校扩建工程的不断深入,班额的扩大势在必行,学校青年教师的人数还会不断增长,他们将成为学校未来发展中的主力军。青年教师的成长和发展将直接影响学校课程与改革的深度与广度。

2. 对学校课程改革成果了解不深

青年教师在入职初期都参加了上海市"见习教师规范化培训"项目,在一年的培训课程中接触到了学校各个领域的课程与教学改革的成果,但是由于培训时间的限定,他们对于学校的课程改革只停留在"知其然"而"不知其所以然"。以后"茶馆式"教学报告为例,青年教师都没有完整地聆听过张校长 3 小时的报告,最多只听过 1.5 小时的报告。学校的青年教师完成了见习教师培训项目之后便投入了繁忙的教育教学工作之中,陷入了刚起步就止步的困境。他们对于附校这块改革热土中孕育而生的先进思想和理念了解不深,需要进一步加强学习。

3. 专业技能展示平台搭建不多

学校拥有一支非常优秀的教师队伍,对外公开展示的机会也比较多,但青年教师往往是以"学徒"的身份在讲台之下认真听课。在学校的开放日推荐课中也是成熟教师居多,青年教师较少。青年教师有着各自独特的个性特长,学校虽为青年教师搭建了一些展示才艺技能的舞台,但不能做到全覆盖,青年教师的个性发展期待多样化平台的搭建。

### （二）青年教师培育理念

1. 正确的发展方向可以加速青年教师的成长

回溯静教院附校 100 余名教师的成长轨迹，都是从先学会"教师教的学堂"，之后才开始学习"学生学的学堂"的，这可能代表了大部分教师发展的轨迹。青年教师课堂教学设计的逻辑结构也往往是以学科体系为线索，原因在于他们从小学到大学几乎经历的都是教师讲学生听的课堂。过去教师怎么教他们，他们今天怎么教学生。① 在青年教师的培育过程中需要突破这一教师成长固化的规律，帮助青年教师掌握教学的规律，找准发展的方向，提升专业发展的速度。

2. 课堂教学的核心技能是青年教师专业发展的基石

课堂教学是青年教师成长的主阵地，坚持"以人为本、基于需求、聚焦教师、发展教师"的工作原则，聚焦青年教师课堂教学的核心技能的培训，创新培训模式，拓宽育优途径，遵循处于不同发展阶段的青年教师专业化发展的规律，探索基于后"茶馆式"教学的青年教师培优育优的方法和途径。提升学校青年教师的专业素养和教育境界，能为造就高素质的教师队伍提供重要保证。

### （三）青年教师成长四种"学"的课堂

1. 开发前沿性培训课程——"学"在至高点

为了促进青年教师的快速发展，提升青年教师教学研究能力，学校校本化开发了独有的基地培训课程，将我校国家级教学成果一等奖——后"茶馆式"教学，教育部重点课题——后"茶馆式"教学的发展研究等教育改革最前沿的成果转变为培训课程，引领青年教师站在教育改革的至高点，掌握最先进的课程教学新理念，指引青年教师专业化发展的正确方向。

2. 涵养教师师德修养——"学"在核心点

学校发挥九年一贯制学校的优势，为各年段的青年教师配备了班主任导师。导师队伍中有校长、党支部书记、特级教师、十佳班主任、十佳辅导员、区学科带头人，高素质的导师

---

① 张人利.课堂教学：职初教师朝哪个方向起步[J].上海教育，2013(16)：58—59.

队伍,以自己的实际行动诠释着伟大的师爱,闪耀着师德的光辉。如语文特级教师陈老师的《我的爱弥儿》课程;上海市十佳班主任沈老师讲述《做一个受学生欢迎的班主任》的主题课程等点亮了青年教师们青春的梦想,积蓄成长的动力。学会爱孩子,同时让孩子感受到老师的爱,提升青年教师爱的能力。

3. 夯实基础性教学技能——"学"在关键点

聚焦青年教师基础性教学技能的训练,学校为每一位青年教师安排了优质的学科导师,有全国、上海教学大赛一等奖获得者,有区中心组成员。学科导师向学员全面开放课堂,通过报告、观课、评课等活动教会学员展开教学设计,进入课堂教学,开展课后辅导、命题设计。例如,在讲解后"茶馆式"教学目标的制订和教学设计培训后,我们会要求青年教师各自设计一篇近期要上的课文的教案,并请带教导师进行指导,修改后导师再细细审阅进行讲评……以此夯实青年教师的基本功。

4. 强化家常课实训指导——"学"在薄弱点

我们以青年教师的家常课为抓手,以青年教师上好每一堂家常课为目标,由学科导师精细化地跟踪青年教师的家常课教学,展开对话式辅导培训,督促徒弟精细研磨每一节家常课。青年教师开展"设计一节课、说一节课、上一节课、反思一节课",学科导师进行"阅一节课的教学设计、听一节课的说课、观一节课的实施、评一节课的得失"的教学联动,促进青年教师快速成长,深入理解后"茶馆式"课堂教学的要领。

## 二、培育和发展青年教师命题能力的保障机制

### (一) 自主学习、对话交流的自我发展机制

1. 汇编提升教师命题素养的自主学习资源包

梳理学校提升教师命题素养研究中的专题报告、教师教学案例、优秀论文等优秀成果,整理成学习资源包,发放给青年教师开展自主学习,与书本对话,与自我对话。

2. 开展"问题导向"的专题研修活动

突破以往主题报告的培训方式,尝试以专家讲师团"问题导向"的培训方式检测青年教师是否真正理解学校开展的提升教师命题素养的研究。学校相关专家创设问题情境,青年教师现场解答,暴露相异构想。专家以个性化诊断的方式给出培训处方,进一步完善青年

教师对提升教师命题素养的理论学习。

3. 组织"我的教学主张"的教育论坛

青年教师以主题演讲的形式用自己的语言表达教学主张,从教学主张当中反映出自己的教学理念,再由教育专家、学校的有关领导进行完善和评奖。

### (二) 教学设计的常态化管理机制

1. 探索教学设计常态化管理机制

青年教师每节课都要撰写后"茶馆式"教学设计,教学设计以问题链、问题群的形式体现,每周上传到学校的信息化管理平台上,学校教导处即时统计,将青年教师一周的教学设计反馈给学科教研组长,以此探索青年教师教学设计常态化管理的有效办法。

2. 形成教学设计循环改进机制

学校以学期为单位开展青年教师教学设计评优活动,青年教师将一学期以来最好的一份教学设计,上传到学校信息化管理平台,全校教师进行评价。产生优秀的教学设计之后,邀请青年教师在全校的校本研修活动中讲述自己的教学设计,并由学科专家开展点评,帮助青年教师明晰后"茶馆式"教学中对于问题设计和作业设计的基本要求,从而进一步端正青年教师教学设计的共同方向,开展新一轮的实践。

### (三) 责任导师的教学联动机制

1. 家常课堂的教学监控

学校为每一位青年教师寻找合适的"责任导师"结成师徒关系,颁发聘书,聘期为一学年。在此期间导师有责任开放自己的课堂,有责任指导徒弟的日常教学情况,有责任开展对话式辅导培训,有责任督促徒弟精细研磨一学期一次的校级公开课。青年教师开展"设计一节课、说一节课、上一节课、反思一节课",责任导师进行"阅一节课的教学设计、听一节课的说课、观一节课的实施、评一节课的得失"的教学联动,促进青年教师形成教学、研究、学习合一的专业成长方式。

2. 优质课堂的教学培育

结合学校的开放日活动,开展青年教师的教学大奖赛,鼓励青年教师将信息技术融入后"茶馆式"课堂教学之中。邀请学校的高级教师、区学科带头人组成评委团,研制青年教师后"茶馆式"教学的课堂评价量表。评选产生的优质课,面向全体教师进行教学展示,学科专家开展现场点评,进一步提升青年教师实施后"茶馆式"课堂教学行动力。

3. 试卷命制的改进指导

责任导师需要跟进青年教师每学期上传学校教育管理平台的学科试卷,结合专家的评价意见,给予青年教师改进的方法和要点,并指导青年教师撰写试卷循环改进的案例,在实践操作中促进青年教师对学科知识、学生学习、试卷信度与效度等命题要点的理解。

欲求水流远,源泉须博深。学校以提升命题素养为抓手,特别关注青年教师命题能力的培育,从教育理念、教学设计、课堂教学、作业设计、试卷编制多维度助力青年教师命题素养的形成。研究推进的过程也是青年教师进一步分析、研究和深层次把握课程与教材的过程;是排疑解难、拓宽知识面的过程;是深入了解教学实际,进行有效教学的过程;是学习和运用各种教育科研方法的过程。通过有效的机制保障,引领学校青年教师朝着"学"的课堂迈进,指引学校青年教师向着"明"师的方向努力生长。

# 第六章　命题素养研究的成效与展望

　　静教院附校率先将提升教师命题素养作为教师专业化发展的重要组成部分,并且以学校为单位,形成了一个成功的实践研究案例。其中包括如何从本校实际问题出发,确定研究的关键领域,形成提升命题素养的核心技术,归纳研究方法机制等。本课题不但具有学术意义和创新价值,且具有可供中小学推广的普适性;不仅涉及传统意义上的命题素养,还着力研究增强学生关键能力的跨学科、实践性、探究性作业,体现了课程改革的深入,具有先进性。

　　上海市从20世纪50年代开始开展教研活动,80年代开始进行规范的教师培训,21世纪开始强调校本教研,突出教师专业发展。本研究产生教师专业化发展的新理解,将直接影响学生关键能力培育、减负增效等功能为一体、中小学教师使用频繁而重要的评价工具——命题设计与研究确定为教师专业化发展的重要领域。

　　本研究丰富了教师命题素养的内涵,不仅有课后作业,还有课内习题;不仅有单元练习,还有期中期末试卷;不仅有考试学科的命题,还有非考试学科;不仅有单一学科,还有跨学科命题。研究从培育学生核心素养的高度,通过作业多样化,提高作业的针对性,促进作业质的提升。

## 第一节　命题研究的成果

　　教师命题素养是学校教育评价的核心要素,在日常教育教学中俨然成为学生学习的风向标,关系到课程改革的深化,影响着国家立德树人目标的落实。

　　中小学教师通过使用频率最高的命题这一评价工具,能强内驱、重过程、显实效,根据这一理念,精准定位学情,设计课内的习题及问题等搭建学生认知的"脚手架",并有效控制课外作业量,提高作业质,从而提升教学质量。

教师命题素养不局限于考试学科、单一学科,命题素养还包含学生专题学习、跨学科学习、实践性学习、探究性学习中的评价工具设计,教师要从育人高度培育学生的关键能力。

## 一、研究成果

深化课程改革背景下,提升教师命题素养必须成为教师专业化发展不容忽视的重要研究领域,学校需要扎根校本,直面教师命题能力弱,培训资源缺乏的现状,解决一个迫切而又长期得不到关注的问题。

我们通过对静教院附校教师命题现状做分析调查研究,通过学生座谈、个别访谈了解不同学生完成教师布置的课内外作业量的实际情况,在控制作业量的同时,对如何提高作业质进行研究。作业质的提升有效保障了作业的量,提高作业质的过程实质上就是提升教师命题素养。

### 成果一:确定提升教师命题素养的研究领域

学校将教师在命题素养中存在的突出问题作为本研究的重点领域:试卷设计、作业设计及问题设计。这具有一定的普适性:每所学校都应找出教师命题素养方面的突出问题,研究改进,才能使本校教师命题素养得到提升。

1. 聚焦最综合、最复杂、最敏感评价工具——试卷设计

基于对教师命题能力的全面调研,我们精准聚焦命题素养提升的难点和堵点,确定以最综合、最复杂、最敏感的试卷设计作为突破,提升教师命题素养,带动教学活动中的课堂练习、课后作业、各类试卷等命题设计研究。

2. 立足学生关键能力培育的日常教学评价——作业设计

本研究以提升学生关键能力为导向,通过多样化作业设计,满足不同学生、不同学科、不同情境对命题的不同需求,通过增强作业针对性,不断提升作业质,控制作业量,达到减负增效。

3. 从课外命题拓展到课内的脚手架式评价——问题设计

学校长期重视课堂教学改革,后"茶馆式"教学研究已产生八个教学策略,其中"课堂教

学与教学评价融为一体"是一个重要策略,以问题设计搭建"脚手架"的研究,将教师命题素养提升从课外拓展到课内的命题,有助于课堂教学效益的提高。

### 成果二:提炼提升教师命题素养的多样技术

1. 以"课标—学情—时效性"为依据科学命题

学校各教研组每学期以期中考卷的命制为内容,依托区域教育专家,提升教师对课标及教材的理解与把握能力,了解学生学情,编制双向细目表,对照命题并进行考后分析。

2. 以"设计—布置—批改—跟进"四步智慧命题

日常作业必须重视四个步骤:作业的设计、布置、批改及跟进,这直接影响到作业设计的质及学生完成的质。顺应上海新中考改革的要求,课题组开展了跨学科项目学习中任务设计的研究,直指学生关键能力的培育。

3. 以"引导—暴露—解决问题"为导向精准命题

后"茶馆式"教学提出教学的三个环节:学生先学、引导暴露、共同解疑。教师在教学设计中形成由"问题群""问题链""问题矩阵"构成的问题组合结构,搭建好"脚手架",精准提问,以此提高课堂教学效益。

### 成果三:形成提升教师命题素养的"循环实证"

静教院附校在提升教师命题素养的研究中,开展了多次"循环实证"研究,邀请了上海市徐汇区、杨浦区、黄浦区、长宁区、静安区、普陀区、金山区、青浦区、崇明区等多区教育学院学科专家依据《静教院附校教师命题设计评比表》,对学校考试学科教师编制的试卷展开评审,不但有量化的评价,还有描述性的评价,不但有对试卷编制结构的建议,还有学科知识性问题的指导。通过多轮评审的数据汇总,精细化的题目分析,教学中存在的问题分析,我们形成了教师命题能力评价数据比较,这也成为教师改进教学有价值的教育资源。

研究过程中,我们还逐步形成了有特色的循环实证的路径:"统一思想—回溯研究—具体实践—评价研究—再实践、再评价",并形成了一个长效机制:"循环实证"行动研究,对"具体实践—评价研究—再实践、再评价"进行反复的循环实证。

例如,每学期末收集一次教师所有的寒暑假作业,进行个人、教研组命题评价,再通过大会交流分享收获。学校再将所有试卷交由专家团队评价,形成反馈激励,最后由专家命题(用于期末考试),教师研究专家命题并将其应用于自己的命题实践中去。每个学期我们都会进行一次这样的实证研究,让教师在这个过程中领悟作业质提升的真谛,从而提升自己的专业素养。

### 成果四:形成提升教师命题素养的保障机制

1. 定期展开作业设计(命题)的评价,形成反馈与激励保障机制

静教院附校从培养学生良好学习习惯的角度,每学期向家长发一次告家长书(见表6-1),收集教师在这学期布置的所有作业试题,由教师和专家共同参与评价,并及时反馈评价结果,制定绩效奖励制度,及时奖励优秀作业的老师,形成激励的效果。

表6-1　告家长书

| 告家长书 |
| --- |
| 尊敬的家长:<br>　　您好!<br>　　为了让您的孩子养成良好的学习习惯,形成端正的学习态度,懂得对老师劳动成果的尊重,同时结合我校市级课题《深化课程改革过程中提升教师命题素养的研究》的推进,学校请各位家长督促孩子归类整理本学期语文、数学、英语、物理、化学的所有试卷及相关作业,以便于您孩子的学科知识梳理与自我复习,学校将进行随机抽查展示。<br>　　预祝您的孩子在期末考试中取得理想成绩!<br>　　此致<br>敬礼<br>　　　　　　　　　　　　　　　　　　　　　　　　静教院附校中学部 |
| 告家长书 |
| 尊敬的家长:<br>　　您好!<br>　　结合我校市级课题《深化课程改革过程中提升教师命题素养的研究》的推进,学校请各位家长帮助孩子归类整理每学期语文、数学、英语所有练习卷及相关作业,其目的是让您的孩子养成学生良好的学习习惯,形成端正的学习态度,懂得尊重教师的劳动成果,便于学生进行一学期学科知识梳理与自我复习。学校将评选出学生优秀作业及最佳练习卷整理进行展示。<br>　　预祝您的孩子在静教院附校的每一天都能刻苦学习,快乐体验,收获满满!<br>　　此致<br>敬礼<br>　　　　　　　　　　　　　　　　　　　　　　　　静教院附校小学部 |

2. 作业设计优秀作品层出不穷,形成多样化作业积累机制

教师提高了对作业设计的重视程度,了解了什么样的设计属于高质量的作业。不同类型的作业都汇集了教师的智慧,体现了教师对课程标准的理解,对学生差异的思考。学校汇编教师的多样化作业案例,形成多样化作业案例集,并定期进行全校交流展示(见下图1),学生作业也在校园内进行展示(见图2)。

图 6-1　作业的交流展示

图 6-2　学生作业

3. 提升教师命题能力彰显素养　形成新教师快速成长机制

为进一步促进青年教师的专业化发展,提高青年教师自主发展意识,满足青年教师个性化发展需求,指引青年教师掌握后"茶馆式"教学的方法和策略,培育一支有理想信念、有道德情操、有扎实知识,有仁爱之心的优秀青年教师队伍,学校通过"问题导向"的专题培训,以此整体提升青年教师对学校课程教学改革成果的理解力与行动力。

静教院附校利用每学年的暑假,让青年教师们潜心研究教育教学,要求大家完成一份期中考试的命题设计,从命题依据到双项目细表的制定,从试卷到答案,从评分细则到命题说明。在一次次的命题实践中,教师的命题素养得以提升,静教院附校的新教师在此机制的带动下快速成长着。

表 6-2　命题设计的具体要求

| |
|---|
| 静教院附校青年教师命题设计的具体要求:<br>【命题依据】(宋体小四加粗)<br>1. 基于课标<br>2. 基于学情<br>3. 基于热点<br>正文(宋体小四　行距1.25) |

续　表

【试卷呈现】（宋体小四加粗）
1. 双向细目表
2. 期中试卷
3. 评分细则
正文（宋体小四　行距 1.25）
【试卷说明】（宋体小四加粗）
1. 整体试卷说明
2. 典型题目解释
正文（宋体小四　行距 1.25）

4. 形成专家引领，同伴互助，自我反思相结合的研修机制

静教院附校的校本研修是惠及全体教师的一项培训，针对性强，内容广，主题多，形式多。在此项目的研究中，我们充分利用校本研修的平台，形成了教师专家引领，同伴互助，自我反思相结合的研修机制。

图 6-3　专家引领　　　图 6-4　同伴互助　　　图 6-5　自我反思

5. 制定出了评价作业质提升的测评工具

教师的作业需要有一定的量表来进行评价。在研究过程中，我们总结出了作业质高的三要素：基于课标，基于学情，基于社会发展，制定了静教院附校学生作业设计评价表以及静教院附校教师命题能力互评表。

**成果五：构建与完善教师命题的各级资源库**

学校开发并运用信息化教学管理平台，引导教研组、教师个人构建起各具特色的数字化学科命题资源库，其中包括教学设计、习题、学生个别辅导案例、课后作业、荣誉作业等多

样化内容。这不仅有考试学科的资源库建设,更有跨学科专题学习、项目学习的资源库建设,大家以跨学科解决问题为导向,研究性、实践性专题学习及项目学习为价值取向,开发并积累了跨学科专题学习、项目学习的主题内容。

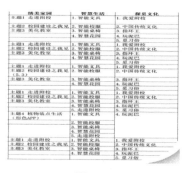

图 6-6

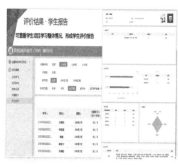

图 6-7

## 第二节　命题研究的成效

开展本课题研究的这三年来,学校教师的学科命题一直得到市区各级教育专家及领导的专业引领与悉心指导,教师对命题素养的研究也从学校的要求,逐步成为教师自身专业发展过程中需要提升的一种素养。教师发自内心地为提升自我命题素养进行学习与研究,受益良多。

### 一、实践成效

#### (一)提升了学生的学业效能

教师的命题能力得到进一步提升后,减少了学生的作业量,提升了学生作业的质,真正实现了减负增效。静教院附校是一所九年一贯制公办学校,小学全部是地段对口入学,九年级的毕业合格率能达到100%,究其原因在于学生作业针对性强,作业量适量,教师个别化辅导到位。同时,教师对于优秀学生也有针对性的命题作业(荣誉作业),充分调动了学生的积极性,让学有余力的学生越学越优秀。教师的命题不仅关注学生的共性,更注重学生的个性发展,着眼于学生各学科核心素养的培育。

此项研究不仅提升了教师的命题素养,也提升了学生的学业效能。上海市学业质量绿色指标综合评价表明:学生的睡眠时间得到了保证,师生关系更是得到了改善,学生整体学业负担轻。(见下图)更可喜的是学生近视率也远远低于市、区平均值。

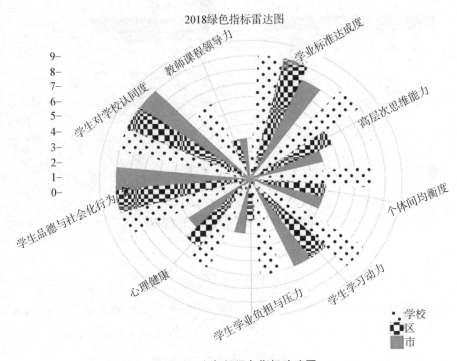

图 6-8　九年级绿色指标玫瑰图

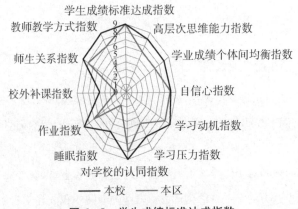

图 6-9　学生成绩标准达成指数

### （二）多方评价显示教师命题素养提升

以学校为单位的提升教师命题素养的研究，不但提升了本校教师自身的命题素养，而且通过"城乡互助"等各种有效渠道向外辐射，甚至辐射到国外。命题素养的提升影响了学生各类考试、练习、作业的质量，学生学习更加轻松，学生近视率也在逐年降低。

2018年上海市中学学业质量绿色指标综合评价，首次纳入教师课程领导力对教师评价素养的评价。数据表明静教院附校的教师命题素养得到显著提升，教师学业评价能力远远高于上海市及静安区的平均值。（见下图）

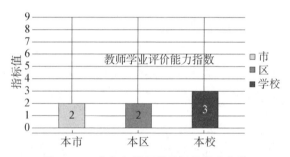

**图 6-10　九年级教师学业评价能力指数**

### （三）产生相关研究的成功

静教院附校在进行提升教师命题素养研究的同时，带动全校教师共同完成相关教育科研课题的研究，并产生了积极的效果。2018年6月完成了上海市教研室绿色指标项目《从作业量控制到作业质提升的研究》。2019年5月完成了静安区科研重点课题《基于质量评价的学生作业优化研究》；2018年5月完成了国家课题子课题《学生核心素养培育视角下提升教师"命题素养"的循证研究》。

在这几年命题素养研究的过程中，学校形成了后"茶馆式"教学多样化作业案例集、后"茶馆式"教学问题组合案例集、2017学年—2021学年学生荣誉作业等。静教院附校教师也就该课题研究发表了多篇相关文章。

## 二、研究效益

### (一) 研究成果的校内效益

近期我校的发展验证了本研究对学校整体与教师、学生个体发展的效果：其一，学校获得了与科学育人密切相关的国家级荣誉称号："全国文明校园""全国未成年人思想道德建设工作先进单位"等；其二，上海市绿色指标综合评价显现：学生"睡眠时间""师生关系""作业量"和"学业负担"等指标均优于市区平均值；其三，上海市绿色指标综合评价首次将教师评价素养纳入课程领导力范畴。数据表明：我校教师的教育理念、命题能力等有关评价素养指标高于市、区平均值20%。教师评价素养的持续提升还体现在作业多样化设计等方面；其四，以小见大，以单一见综合。初中近视率、肥胖率逐年降低，2020年，仅有57%和11%的占比，两项指标均为全市领先。鉴于我校学生的睡眠、运动、负担等方面的出色表现，我们可以认为研究的整体效果良好。

#### 1. 教师方面

对作业设计、作业布置、作业批改以及作业辅导等环节的研究都是教师专业化发展的重要方面，通过作业设计的实践以及对题目的研究，能大大提升教师的专业素养（命题素养）。例如我校小学三年级语文佘晓洁老师为四年级出了一份期末试卷，当她听到四年级老师反映某道题，学生的得分率低得离谱，反思到有两种可能，一种可能是四年级教师在该知识点上出现了教学上的问题，另一种可能就是题目的问题。于是佘老师仔细了解了学生错误的原因，发现若是在该题再加上一句话，给学生一个思维的阶梯，可能会减少对题目理解的偏差，也不会造成该题信度降低，没能评价出学生是否真正掌握该知识点。由此看见，教师对于题目的研究，已经到了根据学生的错误原因，反思自己的命题是否合理。

#### 2. 学生方面

学生作业的针对性有了进一步的提高，作业更加突出其学科特征，更加关注学生之间的差异，从而形成并积累了一定数量的多样化作业。多样化作业不仅增强了作业的针对性，提高了作业的实效性，使得学生能通过作业有不同程度的提高。我校是一所九年一贯制公办学校，小学全部是地段对口学生，九年的学习，当九年级毕业时学生的合格率能达到100%，除了其他原因，很大的功劳在于我校的作业针对性强，作业量适量，个别化辅导到位。正因为这样,我们的合格率才会在全地段生的生源情况下,仍不断提高。同时,我校的优秀学生也有针对性的作业(荣誉作业),让学有余力的学生越学越优秀。2019年我校九年级170名毕业生,已经有10人被复旦附中提前录取。作业质量的提升起了决定性的作用。

### (二) 研究成果的对外辐射

此项研究成果推广运用到后"茶馆式"教学研究所的三十几所合作校,以及上海市教委城乡互助成长项目及强初工程、双名工程的学校,以及来自全国20多个省份的学校。这些学校对静教院附校提升作业质的研究非常感兴趣,并通过项目的推进,各校也在积极展开对作业设计的研究,以此为抓手真正提升教师的命题素养,使每一位学生受益。兄弟学校的老师们在静教院附校老师的命题指导下,收获良多。

**案例 6 - 1:**

#### 提高命题能力　赋能教师成长

(奉贤区肇文学校　小学语文　杨莹)

说到命题,身为一线教师,对于这项工作都再熟悉不过了。小至平时布置的作业、单元复习,大到高年级一学期一次的期末考试,每个人都在感受接触命题。而在这次考试命题的过程中,我产生了很多困惑。如何命题? 题目的难易程度如何确定才能全面考察处在不同学习程度的学生? 试题各个部分(字词句段篇)如何合理搭配才能真正全面反馈出一段时间来学生学习语文的实际情况?

肇文学校教导处成员、教研组长及教师代表参加由静教院附校牵头、七所学校联合举办的"提升教师命题素养"主题研讨活动,让我解惑。特别是静教院附校张人利校长就"双减工作""五项管理"背景下如何命题、提高教学质量作了微型主题讲座,让我对命题有了更加深刻的理解。他强调要紧紧抓住课堂教学改革,做到科学育人,并对命题素养进行细致解释,分析命题能力与命题素养的区别。随后分学科进行的分组研讨中,静教院附校的两位老师逐项分析基础积累、阅读理解、写作表达中的每个试题,具体分析如下:

**基础部分:**

1. 学校可根据各年级学科的学情,注意出卷时各类题目所占比重的调整。若基础比较薄弱,可加大基础知识的考查比重,让学生获得成功,而不是为难学生。

2. 以夯实基础为前提,出题的类型不用太过花哨,要遵循语文教学的规律。

3. 从已有资料中寻找思路,强化知识点。比如可参考课后练习、语文园地、语文练习部分等。

具体题目:

(1) 选择题考查的知识点密度不够,可以涉及到读音、笔顺(低年级)、错别字(易错字),举例:看拼音写词语,可结合语文书后的写字表、词语表。

(2) 选择题的题干不够严谨,表达不够明确,不要给学生挖陷阱。

(3) 选项指示一定要明确,切不可模棱两可。

(4) 积累填空,可以放在日常生活中运用,不要只是简单的默写与背诵。

(5) 对于句子内容的考查,出题不要过于随意,可结合语文书中的语文园地。有理有据,训练到位,让学生扎实语言表达的水平。

**阅读理解:**

1. 阅读材料选取要贴近学生的生活。

2. 文本选择要多样化,如连续性文本、非连续性文本等。

3. 题目的难易程度要有梯度,从易到难。

4. 题目答案要能从文本中直接找到或者学生读懂理解后能作答。

5. 题干部分不要设陷阱,提示要清晰。

具体题目:

(1) 第二篇阅读理解的内容过于晦涩,学生难以理解与体会。

(2) 依据学情,综合运用的题目可再灵活些。

**写作表达:**

抓住本学期内重点学习的写作方法,有迹可循地考查,不要随意出题。

听完两位老师的指导,我顿时茅塞顿开。再思考其他老师的建议,我意识到一份优秀的试卷不是题目随意地堆砌,是根据双向细目表,根据书本,有据可依地夯实学生的基础。试卷不是为了考倒学生,而是让孩子们有成就感,有收获。这次学习让我清楚地认识到:命题能力只是教师的专业能力的其中一环,要实现"教——考——评"的一致性,还必须得不断钻研,集体研讨提升命题能力。同时还要从教学入手,双管齐下才能减轻学生的负担,真正做到高质量,轻负担。我们要更新自己的课堂教学理念,把教学的出发点和着力点从教师如何教转变为学生如何学,优化教学过程,减少无效或低效教学活动,力求在减轻学生课业负担的同时提高教学质量①,实现从"精彩地教"到"有效地学"的高品质课堂质效,还要根据课堂内容,依托静教院附校互助成长项目完善学校校本作业体系。这样才能双管齐下,切实提高教师的命题能力,提升校本作业的质量,激发教师成长的活力。

**案例 6‑2:**

### 如何命题有讲究

（崇明裕安小学）

命题必须依据《课程标准》所规定的内容和要求。命题应注意发挥考试的导向作用,坚持以学生发展为本,切实体现课程理念,切合小学教学实际,符合小学生的学习和生活实际,强调能力立意、应用立意,增强合作性、自主性、探究性,注重综合性、创新性,坚持教育性,体现时代性。经过此次崇明研讨试卷活动,我对命题有了更深的理解。

1. 基于课标命题

命题要基于《课程标准》,要具有现实性、应用性、人文性、丰富性、多元性、实践性和整合性,着重对基本知识、基本理论、基本技能的考核,不出偏题、怪题。静教院的陈老师向我们展示了有关梯形面积公式推导过程的题目,这些都是基于学生已经学习过的内容进行的改编,考察是合理的,因为既符合课标又体现灵活性。

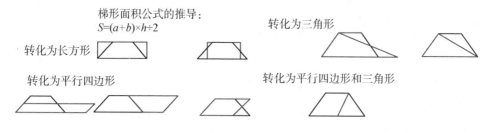

2. 基于学情命题

出题一定要符合学生的学情,不可超纲,不可故意偏难。老师还可以善用数学书和练习册,比如书上有道题:根据下面折线统计图回答问题:几时影子最短?是几米? 14 时影子几米? 这道题涉及的内容学生既在数学课上学习了,也在自然课中学习了,老师可以根据学生在自然课上的学习内容进行改编,变成:在下面图中画出表示某天 9 时到 15 时木棒影子长度变化的大致折线。已知该天 12 时木棒影子长 0.3 米,其他时刻木棒影子长请你自己根据实际情况确定。这就考查了学生对知识的掌握程度,同时巩固了数学与自然的知识。

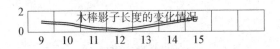

### 3. 基于社会热点命题

命题要有新意,要紧跟时代脚步,教师要学会在命题中放入新事物。陈老师还向我们展示了这样一道题:某运动服品牌开展双十一促销活动,按照规则算出相应货品的积点数。这种题目贴合热门的"双十一"活动,不仅是考查知识,还提升了学生的学习兴趣。

| 商品 | 运动服 | 运动鞋 |
|------|--------|--------|
| 价格 | 476元 | 512元 |
| 积点数 | | |

积点兑换规则:
运动服:1元=1点
运动鞋:1元=2点

### 4. 补充教材,巧用练习册

课堂上只学习书本上的内容是不够的,尤其是对好学生来说,所以可以适当进行拓展,让学生对知识点有更深入的理解。例如在学习三角形面积时,课本上教师展示了三角形转化成平行四边形的方法,但其实还有转成长方形的方法,这些方法的补充能增加学生对三角形面积的认识和理解。老师要用教材和练习册,但不能全用,要巧用。

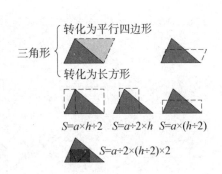

### 案例 6-3:

上海市五四中学作为上海市强初工程学校,也作为静安区集团化办学校之一,在静教院附校团队的帮助和指导下,无论是课堂教学、作业设计还是试卷设计都有了明显的改变。两校教师及教研组共同研修,实实在在影响着教师们命题素养的提升。

列举两道在静教院附校物理组指导下的题目改进:

| 原题 |
| --- |
| 下列实例中,不属于利用惯性的是_____<br>A. 用手拍打衣服上的灰尘。　　B. 锤头松了,将锤柄在地上撞击几下。<br>C. 运动员采用助跑跳远。　　　　D. 骑自行车时为了减速捏刹车闸。 |
| 修改后 |
| 下列实例中,属于减小有害摩擦的是_____<br>A. 体操运动员往手上拍白色粉末。　　　B. 轮胎上刻有深深的花纹。<br>C. 工人在机器的零部件之间加润滑油。　D. 骑自行车时为了减速捏刹车闸。 |
| 说明:原题考察的是有关惯性的知识,而在原卷中填空题第 14 题就对惯性有所考察,不应重复出现。同时发现试卷上没有对摩擦力相关知识的考察,因而将其调整为对摩擦相关知识的考察。 |
| 原题 |
| 为了研究平面镜所成像大小的特点,小华同学分别将物体 A、B 置于玻璃板前,然后用与 A、B 完全相同的物体 A′、B′ 寻找像的位置,如图 2(a)、(b)所示。接着,他改变 A 到玻璃板的距离,重复上述实验,如图 2(c)、(d)所示。实验结果,观察到 A′、B′ 总能与 A、B 的像完全重合。请根据实验现象,归纳得出初步结论。<br>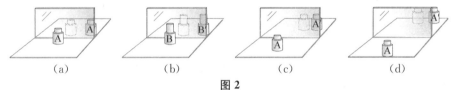<br>　（a）　　　　　（b）　　　　　（c）　　　　　（d）<br>图 2<br>(1) 分析比较图 2(a)或(b)及相关实验结果可得:_____。<br>(2) 分析比较图 2(a)和(c)和(d)及相关实验结果可得:_____。 |
| 修改后 |
| 图 5 是某同学在复习过程中所建立的知识结构,请在空白处填上适当的内容。<br>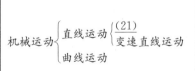|

| | 质量 | 重力 |
| --- | --- | --- |
| 联系 | (22) | |
| 区别 | 不随位置而改变 | 随位置而改变 |
| | 质量无方向 | 重力的方向(23) |
| | 用(24)测量 | 用弹簧测力计测量 |

机械运动 { 直线运动 { (21) / 变速直线运动 曲线运动

图 5

| |
| --- |
| 说明:原题是对于"探究平面镜成像的特点"这一实验中探究过程的考察,对于学生探究能力和分析问题能力有较高要求,对于本校初二学生来说,难度较高。同时,我们希望在初二刚接触物理的时候,培养学生整理知识的学习习惯,因此将该题替换为利用知识结构图和表格来整理已学知识的形式。 |

## 一张八年级物理试卷修改后的感想

（上海市五四中学物理　胡圣浩　王颂华）

随着教学经历的增长以及面对"五项管理""双减"等一系列的新政,我感受到合理有效的作业可以起到事半功倍的作用,自己的命题能力也迫切需要提高。很感谢能有这次机会,和静安、崇明的老师们学习研讨关于"教师命题素养提升"内容,让我能够又一次静下心来,重新审视自己的命题能力,学习命题方法与技巧。在交流中,我也有一些心得体会:

1. 要研读学科指南,明确命题规范

作为一名年轻老师,要研究历年的中考试卷、各区的一模、二模试卷,梳理每份试卷的双向细目表,要熟练掌握初中化学的 6 个一级主题、27 个二级主题、71 个学习内容,要研读《上海市中学化学课程标准》《上海市初中化学学科教学基本要求》《化学九年级第一学期(上海教育出版社)》教材等,明确命题规范。

2. 关注编排细节,优化做题体验

在题目的编排上,需要符合一定的逻辑顺序,避免影响学生的思路,增加审题难度。例如:化学命制卷中选择题第 33 题考查的是学生对于"物质的量"和"摩尔质量"概念的理解。在命制该题时,应调整选项顺序,将"物质的量"内容的选项放在一起,以 A 和 B 的顺序先后呈现,将"摩尔质量"内容的选项放在一起,以 C 和 D 的顺序先后呈现。这样学生阅读时会更加自然,先辨析"物质的量",再辨析"摩尔质量",避免出现"物质的量"和"摩尔质量"交错的现象,对学生的思维造成一定干扰。

3. 注重素材挖掘,创设问题情境

不仅课堂教学需要真实情境,试题也需要情境,需要联系生活、关注热点。题目越贴近生活,学生越愿意去思考,问题也越容易解决。学科的功能性和育人性在潜移默化中得以体现,也更有利于落实化学学科的核心素养。

4. 科学控制难度,确定检测目标

练习检测一方面是为了考查学生对于知识点的掌握情况,另一方面在于可以调整学生的学习心态。教师根据班级学生的近期学习状态,适当地开展难度不一的检测。如果近期的内容较难或较抽象,学生对于化学学习没有足够信心,那么我们就可以简化练习难度,让学生在正确率较高的练习中拾起自信。如果班级学生近期比较浮躁,学习化学比较松懈,我们就可以适当提高难度,让学生感受到自己的差距,从而重视化学学习。

在提升自己命题素养的过程中,我还有很多矛盾和疑问。例如:对于自己命制的原创题总害怕出现科学性的错误;对于试卷的整体难度总是控制不好;装置图的绘制有什么好的软件可以使用等。希望今后还有类似的机会得到大家的解惑,向大家学习!

静教院附校的老师在提升自身命题素养的同时,还带动了兄弟学校一起对课堂教学的问题进行设计,对课内外作业的设计以及综合练习的设计进行研究,得到了双赢的效果。

## 三、研究亮点

静教院附校通过培训来提升教师的命题素养,然而此类培训课程目前的师范大学很少开设,市、区的教师培训课程也少有涉及。

1. 在全市乃至全国创新开展教师命题素养的研究,理论和实践结合,为说好上海教育的故事积累了素材。

2. 探索了提升教师命题素养的"循证实践"路径及有效的学校保障机制,在学校实践中研究试点,已经得到了常态化落实,促进了本校教师专业素养的持续提升。

3. 学生学业效能有效增强,作业负担减轻,为"轻负担、高质量"的教育探索了新的实践途径。

学校需要把握课程与教学改革的方向,理解教育评价改革的精神,架构教师命题素养提升的发展维度,探索教师命题素养提升的有效培训方法、途径、策略。依托学校自身的力量,将教师之间的差异转变为培训资源,开展问题导向的跟进式校本研修,快速提升教师的命题素养,缩小教师间命题能力差距成为了学校提升教师命题素养的一个难点问题。

## 四、命题研究的反思与展望

课题研究至今,教师对双向细目表的制定、题型的研究、基于课标与学情的题目编制都有了一定的方法及经验,研究过程中也形成了一些对命题评价的测评工具,但是工具的学科特征还不够明显,还不能从学科上凸显教师命题素养是否得到提升。

随着课程与教学改革的深入发展,以及新中考制度改革带来的新要求,我们开始聚焦教学方式转变和课程统整的研究,这必然会带来教师命题能力的新发展,命题的形式也将发生变化,跨学科作业、调研报告、课题研究、演讲报告、调查问卷设计等也将重新思考规划,这些将是教师们要思考的新方向。如何不断进行命题质量评价工具的完善,不断进行命题的优化和跟进是本课题后续要延展的研究内容。

# 后　记

　　搁笔之际，我的心中涌动着许多感激。

　　回忆来路，2016年12月张人利校长在学校各种教学改革实践探索中敏锐捕捉到"命题素养"这一对教师而言重要且普遍薄弱的素养，并坚定执着地将之作为学校长期研究和教师发展的主题。

　　张人利校长对于学校教育教学发展问题和趋势的精准洞察和睿智把握让人敬佩不已，高山仰止。

　　2017年9月，上海市教委基于对上海参加国际学生评估项目（PISA）和教师教学国际调查（TALIS）取得成就和面临挑战的分析，在《上海市中小学教师专业（专项）能力提升计划》（沪教委人〔2017〕23号）中将"作业命题能力：能准确把握学科课程标准及其评价要求，有较科学有效的本学科设计作业、单元测评的能力，并能掌握作业实施能力、命题方法和技巧的能力等"列为教师的关键专业（专项）能力。因此，本研究作为学校整体性落实教改要求的典型样例，一路走来也得到了原上海市教委教研室徐淀芳主任、王月芬副主任及诸多区县教研员的精心指导与大力帮助。

　　在张人利校长的专业指导、倪继明书记的大力支持下，我和高燕副校长作为学校分管中小学教学的行政管理人员，在科研主任翁慧俐老师以及教导主任陈燕和王婧老师的鼎力协助下，带领着各学科教研组研究团队对本课题确定的关键领域——试卷设计、作业设计及问题设计进行实践研究，对本校教师命题素养的提升起到了积极的推动作用。也感谢为本书提供精彩案例的静教院附校及兄弟学校的老师们。

　　此外,本课题研究还得到静安区教育学院科研室初中学段科研员徐梦杰博士一路帮助,助力孵化这个科研成果。

　　在各方的支持和团队的共同努力下,本研究作为上海市教育科研课题"深化课程改革过程中提升教师命题素养的研究"(C17043)以及全国教育科学"十三五"规划教育部重点课题"深化教育个性化:发达城区提升学生核心素养的实践性循证研究"(DHA170345)的子课题"学生核心素养培育视角下提升教师命题素养的循证研究"(GZ20181027)的研究成果,不仅顺利结题,还荣获静安区科研成果奖一等奖、上海市教育科研成果奖三等奖。

　　本书具体撰写分工如下:第一章由徐梦杰撰写,第二、三、四、五章由周璐蓉撰写,第六章由翁慧俐撰写。

　　研究永无止境,关于教师命题素养的探索将不断蓬勃发展,成果的总结撰写和出版过程也让我们出离实践审视自己,从而发现了多个未来可以继续深入的生长点。比如,经济合作与发展组织(OECD)与9个国家和地区通过"课堂教学视频研究"对初中数学教师进行"一元二次方程"的课堂教学行为进行编码分析,研究用新的方法视角发现,上海的课堂教学在内容质量方面显著高于其他国家和地区,但是学生深度的认知参与、教师基于学生理解的评价与回应、课堂对话,以及教师对学生的社会情感支持都有大幅提升的余地。这也给我们启示,命题研究除了可以从教师、教研组、专家等"教"的角度来研讨和论证有效性之外,也可以应用更多元的技术工具,开发学生表现性评价量表,跟踪观察学生个性化学习建构过程,让教师实证反思具体的问题、作业和试题对激发学生兴趣与潜能的效果以及教与学的发生条件。除此之外,跨学科、跨单元的命题,培养学生探究能力和创造力的命题,数字化时代以信息技术为载体的命题,又都是新的相关领域。

　　期待不久的将来我们能有新的相关进展与读者共飨。

周璐蓉

2023 年 4 月 6 日